몸 사랑 하나님 사랑

틀어진 몸을 바로 세워 건강한 나를 되찾는
성.경.적.건.강.관.리.법

몸 사랑
하나님 사랑

- 초판 1쇄 발행 2021년 12월 17일
- 초판 3쇄 발행 2025년 5월 7일

- 지은이 노완우
- 펴낸이 조유선
- 펴낸곳 누가출판사

- 등록번호 제315-2013-000030호
- 등록일자 2013. 5. 7.
- 주소 서울특별시 강서구 공항대로 59다길 276 (염창동)
- 전화 02-826-8802 팩스 02-6455-8805

- 정가 15,000원
- ISBN 979-11-85677-68-2 03230

＊파본은 교환해 드립니다.
＊이 출판물은 저작권법에 의해 보호를 받는 저작물이므로 무단 복제할 수 없습니다.
＊독자의 의견을 기다립니다.
＊sunvision1@hanmail.net

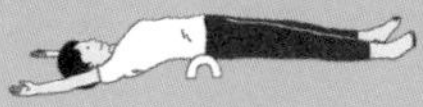

틀어진 몸을 바로 세워 건강한 나를 되찾는
성.경.적.건.강.관.리.법

몸 사랑
하나님 사랑

노완우 지음

이동원 · 장경동 · 장학봉 · 이찬용 · 유관재 목사가
직접 체험하고 강력 추천한 책!

출판사
누가

| 추천사 1 |

우리 몸을 건강하게 하는 책!

수년 전 노완우 목사님을 만나고 지금까지 그분의 책이 나오기를 간절하게 기다렸던 한 사람으로서 이렇게 추천의 글을 쓰게 되어 얼마나 감사한지 모른다.

우리 부부는 목사님을 통해 평생 잊지 못할 도움을 받았다. 나는 매년 한 차례씩 이유를 알 수 없는 요통으로 일주일 정도 누워 지내곤 했다. 그런데 목사님의 교정 세미나에 참석하여 교정을 받고 매일 운동한 뒤로는 요통 때문에 눕는 일이 없어졌다. 나는 하루도 거르지 않고 구르기 운동과 목침 운동을 한다. 그만큼 운동의 놀라운 효과를 몸으로 느끼기 때문이다. 주변에서 누가 허리가 아프다고 하면 나는 망설임 없이 이야기한다.

"운동(구르기 운동)을 안 해서 그래."

노완우 목사님의 교정 치료법은 의사인 내게 질병의 원인에 대한 통찰력을 갖게 해주었다. 또 하나님이 만드신 몸의 원리를 따라 병을 치료하는 '자연의원'을 개원하는 직접적인 계기가 되었다. 현대 의학을 전공한 나는 가정의학과 전문의가 된 뒤 11년간 요양병원 과장으로, 병원장으로 근무하면서 만성 질환에 시달리는 수많은 환자들을 돌보았다. 환자들은 한결같이 많은 양의 약을 복용하면서도 증상의 호전을 경험하지 못했다. 회진 때마다 이런저런 증상을 호소하며 고통스러워하는 환자들을 보면서 조금이라도 호전시켜 드리고 싶어 차트를 펼치지만 이미 그에 해당하는 모든 약을 먹고 있기에 더 이상 처방할 약도 없었다. 이런 날들이 반복되면서 내 속에 '대증 요법이 아닌 근본적인 치료법은 없을까?'라는 물음이 생겼고, 그 무렵 노완우 목사님을 만나게 되었다.

목사님의 세미나에서 교정 방법을 배워 주변 사람들에게 실제로 행하면서 나는 놀라운 효과를 경험했다. 심지어 자기공명영상(MRI)에서 디스크가 파열되었으니 당장 수술하라는 의사의 말을 들었지만 교정한 뒤에 열심히 운동하여 3년이 지난 지금까지 잘 지내는 사람도 보았다. 내가 하고 있는 의료 행위에 대한 회의감과 질병의 근본적인 치료에 대한 열망은 결국 안정적인 병원장 자리를 내려놓고, 자연의학적인 치료를 행하는 '자연의원'을 개원하는 중대한 결단을 내리게 만들었다.

그때 제일 먼저 떠오른 분이 바로 노완우 목사님이었다. 목사님은 개원부터 지금까지 내가 요청할 때마다 흔쾌히 도와주셨다. 노완우 목사님의 교정 치료법을 우리 병원의 주치료법 중 하나로 도입하게 된 것은 중변 환자들을 통해 탁월한 임상 효과를 얻었을 뿐 아니라 우리 몸을 지으신 하나님의 말씀이 결정적인 근거가 되었다.

"그는 머리니 곧 그리스도라 그에게서 온 몸이 각 마디를 통하여 도움을 받음으로 연결되고 결합되어 각 지체의 분량대로 역사하여 그 몸을 자라게 하며 사랑 안에서 스스로 세우느니라" 에베소서 4:15-16

노완우 목사님의 운동법은 머리에서 신경 전달 물질을 통해 명령이 내려지면 각 장기가 제 기능을 발휘하여 스스로 건강을 회복하는 놀라운 치료법이다. 몸은 스스로 회복되고 세워지는 것이다. 의사나 치료자는 몸이 회복되는 데 약간의 도움을 줄 뿐이다. 자기 몸에 생긴 질병을 적으로 생각하여 갖가지 약으로 공격하는 방법이 아니라, 스스로 몸을 사랑하면서 골격과 장기들이 제 기능을 회복하게 해준다면 건강은 당연히 따라온다고 확신한다. 나의 이 생각은 진료 현장에서 만나는 각종 난치 질환 환자들의 몸에서 실제가 되고 있다.

"하나님의 말씀을 우리가 공유하듯이 몸을 건강하게 하는 지식도 함께 나누어야 한다"라고 말하는 노완우 목사님의 바람이 이 책을 읽는 수많은 사람의 삶 속에서 이루어지기를 간절히 소망한다.

김태균 (가정의학과 전문의 · 자연의원 원장)

[추천사 2]

건강 복음서

건강은 살아 있는 모든 인생의 가장 큰 관심사입니다. 건강을 잃는 것은 모든 것을 잃는 것입니다. 살아 보니 돈도, 때로는 믿음도 건강을 보장하지 못한다고 느껴집니다. 그런데 여기에 건강에 대한 복음이 있다고 감히 말할 수 있습니다. 그것이 바로 노완우 목사님의 건강 운동법입니다.

노 목사님은 성경에 기반을 두고 건강을 말합니다. 그래서 이 책은 감히 건강의 복음이라고 말할 수 있습니다. 이 책은 지루한 논리가 아닌 명쾌한 처방을 전달합니다. 거기에 은혜를 경험한 간증들이 감동을 더합니다. 저도 그 은혜를 입은 사람 중 한 명이기도 합니다.

건강 문제로 고심하는 분들과 그들을 돕고자 하는 모든 분들 그리고 신뢰할 만한 건강의 해답을 구하는 이들에게 이 책은 분명 복음이 될 것입니다.

이동원 (지구촌교회 원로 목사)

[추천사 3]

새로운 회복과 치유

2008년 제 몸은 완전히 무너졌습니다. 어지럼증으로 일상적인 삶을 살 수 없을 정도였습니다. 어떻게든 어지럼증을 고치기 위해 안 해본 일이 없었지만 아무런 소용이 없었습니다. 뿐만 아니라 저혈압과 비염을 비롯해 소화제를 매일 먹지 않으면 안 되는 위와 무엇인가를 먹으면 바로 화장실로 가게 하는 장, 만성 피로를 만드는 간, 허리와 무릎이 아파서 몸을 제대로 움직이지 못하는 문제까지… 이 모든 것이 한 빈에 치료되었다면 믿겠습니까?

열 명 정도의 목사가 한자리에 모여 목회에 대한 이야기를 나누는 세미나 자리에서 노완우 목사님을 처음 만났습니다. 목사님이 우리 몸을 성경적으로 바라보는 설명을 듣고 "이거다!" 하며 무릎을 쳤습니다. 저는 바로 그 자리에서 노 목사님에게 교정을 받고, 목침으로 하는 운동도 배웠습니다. 걷기는 매일 한 번 했지만, 구르기와 목침 대기는 6~7번씩 했습니다. 목숨 걸고 노완우 목사님의 운동법을 실천했습니다.

한 달이 지나자 내 몸이 새로 만들어지는 것을 느꼈습니다. 어지럼증이 싹 사라졌고 피로감을 느끼지 않고 숙면했습니다. 저혈압과 비염, 위와 장의 문제, 간의 문제 등 모든 몸의 문제가 해결됐습니다.

혹시 저만 그런가 싶어 주변 사람에게 이 운동법을 꾸준히 하게했습니다. 그러자 저처럼 열심히 운동한 사람들은 완벽한 몸의 변화를 경험했습니다. 폐쇄 공포증에서 해방된 사람, 당뇨병에서 완치된 사람, 뇌종양이 치유된 사람, 만성 두통에서 해방된 사람, 허리 통증이 사라진 사람 등 헤아릴 수 없는 기적이 눈앞에서 일어났습니다.

저는 많은 사람이 이 책을 읽고 저와 같이 영적으로, 육적으로 치유 받는 기적이 일어나기를 소망합니다. 정말 마음을 다해 이 책을 추천합니다.

건강을 회복하고 행복하게 목회하는

유관재(성광교회 담임 목사)

[프롤로그]

하나님은 역경을 통해
사랑하는 자를 훈련시킨다

　용서할 수 없을 만큼 미운 사람이 있는가? 주님 부르시는 날까지 미운 사람은 늘 우리 곁에 있을 것이다. 하나님은 사랑을 가르치시려고 우리 곁에 미운 사람을 두셨다. 그런데 미움의 감정은 우리 몸을 망가뜨린다. 마음이 망가지고 뒤틀리면 몸도 상한다. 마음에 따른 몸의 반응을 살펴보면, 미워할 때는 몸이 움츠러들고, 용서하고 사랑할 때는 저절로 몸이 펴진다. 이렇듯 영과 육은 하나다. 따로 떼서는 설명할 수 없다.
　예수님은 십자가의 사랑을 통해 용서를 보여 주셨다. 그래서 영적으로는 육적으로 건강한 그리스도인의 삶을 살기 위해서는 사랑이 전제되어야 한다.
　우리는 처지와 상황 때문에 늘 기도한다.

"하나님 제발 이 상황과 환경 속에서 저를 건져 주세요."

그런데 하나님은 건져 주시지 않는다. 기도해도 늘 그 자리에 있으니 말이다. 대신 영과 육을 건강으로 무장하여 그 상황과 환경을 극복해야 한다. 그것이 하나님의 뜻이다. 다시 말하면 능력을 받아야 상황과 환경을 넘어갈 수 있다는 말이다. 왜? 상황과 환경은 변하지 않기 때문이다.

"내게 능력 주시는 자 안에서 내가 모든 것을 할 수 있느니라"
빌립보서 4:13

나는 청년 시절 6개월 정도 병원에 입원한 적이 있다. 신앙 문제로 관계가 좋지 않았던 윗사람에게 한 대 맞은 것이 잘못되어 심장에 큰 이상이 생겼다. 혼자서는 밥을 먹을 수도, 대소변을 가릴 수도 없었다. 주치의가 안수 집사였다. 늘 기도하고 나를 진료했다. 그런데 나아지기는커녕 상태는 더 나빠졌다. 그때 혈관 주사를 꽂을 곳이 없어 목에 꽂은 사진을 지금도 간직하고 있다. 그 사진을 보면서 살아서 역사하시는 하나님을 늘 기억하려고 한다.

그러던 어느 날 주치의가 말했다.

"내가 믿는 하나님과 네가 믿는 하나님은 똑같아. 이제는 정말 기도해야 할 때다."

병원 생활에 지칠 대로 지친 나는 막 화를 냈다. 당시 나름대로 믿음이 좋다고 생각했는데 부정적인 내 모습을 보게 된 것이다.

"그게 의사로서 할 말입니까? 어떻게든 내 병을 고쳐 줘야지요!"

의사는 "이놈아! 기도밖에는 방법이 없는 걸 어떡하니?" 하고 자리를 떠났다.

중환자실에 누워 날마다 죽어 나가는 환자를 보면서 나도 죽을까 봐 잠 못 이루던 날이 얼마나 많았는지 모른다. 하나님께 원망 섞인 목소리로 "데려가시려면 빨리 데려가세요."라는 처절한 고백도 수없이 했다.

그래서 나는 아픈 사람의 심정을 누구보다 잘 안다. 투병하는 환자를 위해 늘 기도해 주시는 할머니 전도사님(나중에 내가 창원에서 개척할 때 우리 교회에 오셔서 자립할 때까지 함께 사역했다)이 "노완우 형제님, 죽어서 천국은 가야지"라고 하시는 말씀을 듣고 나는 죽음을 준비할 때가 되었음을 알았다.

그때 아픈 제자에게 면회 와서 병실에 들어오지도 못한 채 밖에서 눈물로 기도해 주셨던 송인정 목사님의 절절한 기도가 아직도 내 마음속에서 메아리친다.

마침내 나는 모든 약을 끊었다. 간호사와 신우회 회원들은 돌아가며 1시간씩 나를 위해 기도했다. 그때 나는 수많은 기도의 빚을 졌다. 어느 날 아침 전도사님이 찾아와 물으셨다.

"혹시 서원한 것 있어? 목사가 되겠다고 하나님께 약속한 적 없니? 기도 중에 자꾸 그런 마음이 든다."
"없어요."

서원이라니 터무니없는 소리였다.
그날 밤 혼자 기도하는데 중학생 시절 부흥회 때 일이 떠올랐다. 목사님이 "이 시대에는 주의 종이 부족합니다. 목사가 되기를 서원하는 사람은 손을 드세요"라고 말씀하셨다. 그때 눈을 살며시 뜨고 보니 아무도 손을 안 들었다. 목사님이 불쌍해서 내가 번쩍 손을 들어 주었다. 그러자 목사님이 갑자기 "한 남학생이 주의 종이 되기를 서원했습니다. 이 학생을 위해 함께 기도합시다."라고 말했다. 목사님과 성도들이 나를 위해 합심해서 기도해 준 일이 주마등처럼 스쳐 지나갔다.
전도사님께 중학교 때 건성으로 서원했던 일을 고백했다. 그러자 전도사님은 "그것도 서원이니 지켜야 한다."라고 말씀하시는 것이 아닌가. 그날 나는 하나님께 눈물로 고백했다.

"하나님, 나를 살려 주시면 진짜 목사가 될게요."

그 뒤 피골이 상접한 몸이 조금씩 회복되어 재활 치료를 받을 수 있게 됐다. 그때 내 아픈 몸을 고쳐 보고자, 반 식물인간 상태로 누워서 본 책이 《근골격계》, 《신경계》 등의 의학서였다. 내 손으로 책장조차 넘길 수 없으니, 누군가 책장을 넘겨 줄 때까지 똑같은 페이지를 읽고 또 읽었다.

지금 생각해 보면 한치 앞을 모르고 죽음과 싸우던 그 고난의 시간에, 우리 몸의 뼈가 어떻게 생겼고 신경은 어디로 지나가는지 익힌 것이 지금 내가 치유사역을 하는 데 큰 도움이 된 셈이다.

하나님은 그렇게 나를 훈련시켰다. 고난을 당해도 낙심하지 말 것은, 이 고난을 통해 하나님이 나를 어떻게 훈련시킬지 아무도 모르기 때문이다.

"그러므로 우리가 낙심하지 아니하노니 우리의 겉사람은 낡아지나 우리의 속사람은 날로 새로워지도다 우리가 잠시 받는 환난의 경한 것이 지극히 크고 영원한 영광의 중한 것을 우리에게 이루게 함이니 우리가 주목하는 것은 보이는 것이 아니요 보이지 않는 것이니 보이는 것은 잠깐이요 보이지 않는 것은 영원함이라" 고린도후서 4:16-18

회복된 뒤 나는 하루라도 빨리 내 자리로 돌아가고 싶었다. 나를 쓰러뜨렸던 그를 원망하던 마음도 모두 사라졌다. 오히려 그를 보고 싶다는 생각뿐이었다. 그가 아니었다면 하나님을 인격적으로 만날 수 없었을 테니 말이다. 원수가 은인이 된 것이다. 지나고 보니 그것 역시 하나님의 인도하심이었다.

돌아가니 나를 아프게 했던 그가 마중 나와 있었다. 그는 내가 죽은 줄로만 알고 수없이 울며 회개한 뒤 완전히 다른 사람이 되어 있었다. 나를 보자마자 "미안하다. 잘못했다." 하면서 끌어안았고 나는 "고맙다"는 말만 되풀이했다. 지금 그는 장로가 되었고, 나는 목사가 되어 서로에게 영적인 지원을 아끼지 않고 있다.

사도 바울은 다메섹 도상에서 하나님을 만났다. 나는 병원에서 죽음을 기다리며 하나님을 만났다. 내가 건강을 회복하고 하나님의 종으로 살게 될 줄은 꿈에도 몰랐다. 그렇기에 하나님과 만난 사건을 떠올리면 지금도 가슴이 뜨겁다.

목회하면서 나라고 왜 미운 사람이 없었겠는가. 그래도 원망하지 않는 것은, 미운 사람을 통해 믿음이 한 단계 성장했음을 알기 때문이다. 그러므로 내가 하나님의 귀한 도구로 쓰일 수 있었다.

신앙생활 중에 '환난'은 필수 과목이다. 환난 없이는 인내와 소망이 생기지 않는다. 환난이 주는 유익이 있는 것이다.

> "내 형제들아 너희가 여러 가지 시험을 당하거든 온전히 기쁘게 여기라 이는 너희 믿음의 시련이 인내를 만들어 내는 줄 너희가 앎이라 인내를 온전히 이루라 이는 너희로 온전하고 구비하여 조금도 부족함이 없게 하려 함이라" 야고보서 1:2-4

"다만 이뿐 아니라 우리가 환난 중에도 즐거워하나니 이는 환난은 인내를, 인내는 연단을, 연단은 소망을 이루는 줄 앎이로다" 로마서 5:3-4

나를 아프게 하고 고통스럽게 만든 사람 덕분에, 하나님을 발견하게 된다. 하나님을 향한 뜨거운 사랑을 회복하게 된다. 하나님은 나를 육적으로나 영적으로 건강하게 만들어, 하나님의 도구로 쓰시려고 원수를 곁에 두신다. 영적인 미움은 육체를 괴롭게 한다. 하지만 사랑하면 육체가 건강해지고 하나님의 놀라운 역사가 만들어진다. 내 인생의 간증과 다름없는 찬양 가사를 함께 나누고 싶다.

주님 손잡고 일어서세요 - 김석균

왜 나만 겪는 고난이냐고 불평하지 마세요
고난의 뒤편에 있는 주님이 주실 축복
미리 보면서 감사하세요
너무 견디기 힘든 지금 이 순간에도
주님이 일하고 계시잖아요.
남들은 지쳐 앉아 있을지라도
당신만은 일어서세요
힘을 내세요. 힘을 내세요

주님이 손잡고 계시잖아요

주님이 나와 함께함을 믿는다면

어떤 역경도 이길 수 있잖아요

기쁨의교회

노완우 목사

차례

추천사 4
프롤로그 10

PART 1 창조의 원리

영과 육은 하나다 24
뇌는 주어를 구분하지 못한다 27
뇌는 시제를 모른다 34
언어에는 인체를 지배하는 힘이 있다 38
하나님의 형상대로 만든 인간의 속성 41

PART 2 인체의 구조

등이 휘면 질병이 온다 50
허리 디스크는 질병이 아니다 52
제자리를 찾으면 통증은 사라진다 55
발 앞부분으로 걸으면 골반이 틀어진다 59
엉치뼈에 목침 대고 눕기 64
척추의 이상으로 생기는 질병 67

PART 3 나는 하나님의 도구다

하나님과의 첫 만남 76
치유 사역의 시작 80
나는 치유의 도구가 되고 싶다 85

[PART 4] 신앙인의 건강 관리법

얼굴을 찡그리면 병이 온다 94
실패를 반복하면서 커지는 그릇 96
우리는 모두 다르다 102
남자와 여자는 다르다 106
사람마다 오장육부가 다르다 110
모자 관계인 장기가 있다 115

[PART 5] 체질에 따른 섭생법

사람마다 맥이 다르다 120
현맥 주도형 134
구맥 주도형 137
홍맥 주도형 140
모맥 주도형 141
석맥 주도형 143
삽맥 주도형 144
맥별 신체 증상과 음식 요법 146

PART 6 스스로 **병을 고친 사람들**

허리 디스크를 고쳤어요! 154
공황 장애가 없어졌어요! 158
불임이 치료되다 161
이 아이가 걸을 수만 있다면 162

PART 7 마음의 질환은 **영적 전쟁이다**

우리는 빛의 자녀다 168
믿음이 성숙하는 단계 173
어둠과 밝음 181
'억지로'와 '저절로' 185
영적 싸움에는 결단이 필요하다 193
혈류의 변화 198

부록 성경적 건강 관리법 207

PART 1

창조의 원리

항상 기뻐하라 쉬지말고 기도하라 범사에 감사하라
이는 그리스도 예수 안에서 너희를 향하신 하나님의 뜻이니라
데살로니가전서 5:16-18

영과 육은 하나다

하나님은 인간을 만드실 때 영과 육을 하나로 만드셨다. 혹시 영과 육이 분리되는 사람이 있는가? 그런 사람은 없다. 영과 육은 하나다.

"평강의 하나님이 친히 너희를 온전히 거룩하게 하시고 또 너희 온 영과 혼과 몸이 우리 주 예수 그리스도께서 강림하실 때에 흠 없게 보전되기를 원하노라" 데살로니가전서 5:23

영적으로 아무리 강해도 육체가 병들면 모든 것은 한순간에 무너진다. 건강은 하나님이 주신 최고의 선물이다. 그리스도인 중에 건강을 당연한 것으로 여기는 사람이 많다. 그래서 하나님이 주신 육체를 함부로 사용한다. 하나님이 우리에게 생명을 주신 것은 하나님을 사랑하고 헌신하도록 하기 위해서다. 우리 육체는 하나님이 만드신 목적에 따라 움직여야 한다. 죄에 빠져 육체를 함부로 사용하면 한순간에 건강을 잃고 영혼까지 병들게 된다. 믿음의 선조인 다윗의 고백처럼 인간은 모두 하나님이 만드신 귀한 피조물이며, 여호와께 속한 몸이다. 그런데 어찌 함부로 할 수 있을까. 육체를 돌보지 않는 것은 죄다. 따라서 건강하지 못하면 회개부터 해야 한다.

> "땅과 거기에 충만한 것과 세계와 그 가운데에 사는 자들은 다 여호와의 것이로다" 시편 24:1

하나님의 구원의 역사는 영혼뿐만 아니라 육체에도 일어난다. 영혼이 새 생명을 얻는 것을 구원이라고 한다. 하나님의 아들 예수 그리스도가 친히 인간의 몸으로 이 땅에 오셔서 죄인 된 우리를 대신해 십자가에서 못 박혀 죽으심으로 우리는 구원을 받았다.

구속의 역사는 2000년 전에 일어났지만 현재도 일어나야 한다. 우리 삶의 모든 영역에서 회복이 일어나야 한다. 교회 안에서 말씀이 회복되어야 하고, 성도의 삶에서 사랑과 헌신이 회복되어야 한다. 일터에서 서로를 존중하는 마음이 회복되고, 삶의 터전에서 이웃과의 관계가 회복되어야 한다. 무엇보다 내 몸이 영적으로나 육적으로 회복되어야 한다.

회복의 역사는 교회가 이끌어야 한다. 그런데 오늘날 성도들은 영과 육의 회복을 교회가 아닌 세상에서 찾으려 한다. 참 안타까운 일이다. '힐링'(Healing)이라는 이름으로 내적 치유를 추구한다. 음악, 여행, 정신 훈련 등을 통해 내적 치유를 하려 한다. 심지어 성도가 템플 스테이(사찰 문화 프로그램)에 참석하는 것을 보면서, 교회가 신앙의 회복은 물론 현대인들의 마음을 어루만지는 중요한 역할을 하기 위해 더욱 발 벗고 나서야 한다는 걸 깨달았다.

육체의 문제도 교회가 앞장서야 한다. 영과 육이 분리되지 않기 때문이다. 육이 병들면 영은 힘을 발휘하지 못한다. 예수님도 복음을 전파하시면서 병든 자를 고치고 귀신 들린 자를 치유하셨다. 오늘날 교회가 성도의 육체를 책임지고 치료해야 한다. 영은 교회에, 육은 세상에 속한 것이 아니란 말이다. 나는 복음을 증거하는 목사로서 현대 의학이 아닌, 하나님의 말씀에 기초해 육체의 병을 치유하려 한다. 창조론으로 인간의 몸을 바라보면 이해되지 않는 병이 없고 치유하지 못할 질병이 없다.

뇌는 주어를 구분하지 못한다

사람들이 한데 모여 대화를 시작하면 꼭 빠뜨리지 않는 것이 하나 있다. 남 욕하기다. 그런데 이것은 교인들도 마찬가지다.

"정 권사, 점심 식사 준비할 때 왔어? 안 왔지? 내 그럴 줄 알았다니까. 몸 안 좋다는 건 핑계고 어디 놀러 간 거야. 아이고, 주책바가지."
"김 집사 얘기 들었어? 부인하고 싸워서 지금 난리도 아니래. 그렇게 잘난 척하고 나서더니만, 근데 뭐 때문에 그렇게 싸운 걸까? 궁금해 죽겠네."

그런데 남을 욕하면 나만 손해다. 왜냐하면 뇌는 욕하는 대상이 남인지 나인지 구분을 못하기 때문이다. 다시 말해, 남을 욕하는 순간 뇌는 자신을 욕하는 것으로 인식한다.

일본의 의학박사인 사토 도미오는 "우리 뇌는 말의 지배를 받는다. 대화할 때 칭찬하는 것은 다른 사람이 아니라 나를 위해 하는 것이다. 왜냐하면 뇌의 자율 신경계는 말의 주어를 이해하지 못해서 누군가에게 칭찬하면 나에게도 칭찬을 하는 셈이기 때문이다."라고 말했다.

그런데 이는 이미 성경에 나와 있다. 성경에서 하나님은 남을 판단하지도 말고 정죄하지도 말라고 하신다. 말에는 영적인 힘이 있기 때문이다.

> "그러므로 남을 판단하는 사람아, 누구를 막론하고 네가 핑계하지 못할 것은 남을 판단하는 것으로 네가 너를 정죄함이니 판단하는 네가 같은 일을 행함이니라" 로마서 2:1

말씀에서 하나님은 "네가 판단함으로 인하여 너는 이미 정죄함을 받았다."라고 말씀하신다. 성경은 철저하게 이 원리를 고수한다.

"남을 나보다 낫게 여기라", "악으로 악을 갚지 말고 선으로 악을 이겨라", "화목하라" 등 성경 어디를 봐도 남을 판단하거나 저주하고 욕하라는 말은 없다.

하나님은 말씀으로 인간을 만드셨다. 말에는 큰 힘이 있다. 그래서 남을 욕하면 내가 병든다. 현대 의학에서는 이를 '자가 면역 질환'이라고 한다. 일명 '성인병' 이다. 요즘은 '성인병'이란 말을 쓰지 않는다. 아이들도 걸리기 때문이다.

자가 면역 질환이란, 쉽게 말해 내 몸이 살기 위해 스스로 병을 만든 것이다. 감기 같은 바이러스 질환을 제외하면, 질병은 결코 밖에서 들어오지 않는다. 재수 없어서 병에 걸리는 것이 아니다. 불치병, 당뇨, 고혈압, 루게릭병, 우울증, 류머티즘, 안구 건조, 탈

모, 구강 건조 등 모든 질병은 자기 몸 안에서 만들어진 자가 면역 질환이다.

영적인 병도 마찬가지다. 인간은 영과 육으로 나뉘지만, 영과 육은 불가분의 관계다. 영적인 병에 걸리면, 흔히 "시험에 들었다"고 말한다. 그런데 말씀의 기초가 튼튼한 사람은 시험이 오면 오히려 믿음이 커진다.

"우리가 환난 중에도 즐거워하나니 이는 환난은 인내를, 인내는 연단을, 연단은 소망을 이루는 줄 앎이로다" 로마서 5:3-4

시험은 남이 주는 것이 아니라 내가 만드는 것이다. 선택의 주체가 나란 말이다. 히브리 개념에 의하면, 시험이란 100여 미터 전방에서 누군가가 쏜 화살을 내가 맞는 것이다. 그런데 곰곰이 생각해 보자. 총알도 아닌 화살을 100여 미터라는 먼 거리에서 쏠 때 피할 수 없어서 맞는 걸까? 화살을 피할 생각이 아예 없거나, 땅에 떨어진 화살을 굳이 가져다가 자기 몸에 꽂은 것이다. 아니면 남의 몸에 박힌 화살을 빼서 자기 몸에 꽂는 것이다.

이 세상에 시험을 준 사람은 눈 씻고 찾아봐도 없다. 시험받은 사람, 시험 든 사람만 있다. 그래서 나는 "목사님, 이럴 수가 있나요?" 하고 투덜거리는 시험 든 사람을 보고 전전긍긍하지 않는다. 안타까워하지도 않는다. 그저 팔자라고 생각하고 내버려둔다.

시험이란 심령에 '자가 면역 질환'이 걸린 셈이니, 자신이 가진 영적인 힘으로 회복해야 한다. 누가 대신해 줄 수 있는 일이 결코 아니다. 그래서인지 신기하게도 교인들이 시험을 극복하고 나면 언제 그랬느냐며 밝게 웃으며 나타난다.

"시험에 들지 않게 깨어 기도하라 마음에는 원이로되 육신이 약하도다 하시고" 마태복음 26:41

육체도 마찬가지다. 건강한 사람은 어떤 질병에 걸려도 능히 이겨 낸다. 반면에 건강하지 못한 사람은 온갖 병에 다 걸려 힘들어 한다. 간혹 "나는 종합병원이야"라는 말을 하는 사람이 있는데, 자랑할 만한 일이 아니다. 우리 몸은 세포로 이루어져 있고, 세포 속에는 유전자인 DNA와 면역 체계인 T림프구가 있다. T림프구에서는 암세포를 죽이는 면역 물질이 나온다. 그런데 T림프구는 생각의 지배를 받는다. 현대 의학자들의 연구 결과지만, 하나님께서 이미 성경을 통해 우리에게 말씀하신 것이다.

"사람의 심령은 그 병을 능히 이기려니와 심령이 상하면 그것을 누가 일으키겠느냐" 잠언 18:14

행복하고 긍정적인 생각을 하면 T림프구는 제 기능을 발휘한다. 하지만 어둡고 부정적인 생각을 하거나 시기, 분쟁, 원망, 불평을 하면 T림프구가 변이되어 암세포나 병균을 죽이는 대신, 자기 몸을 공격한다. 따라서 건강하게 살려면 생각부터 바꾸어야 한다.

'내가 왜 이러지. 어디 아픈가? 혹시…'

잠깐 머리가 어지러웠을 뿐인데, 부정적인 생각은 꼬리에 꼬리를 물고 이어진다. 자신에게 병이 있다고 늘 생각하는 사람은 정말 병에서 벗어날 길이 없다. 건강하려면 밝고 긍정적인 생각을 하고 기쁨을 느껴야 한다. 이처럼 생각은 우리 몸에 엄청난 영향을 미친다. 암울하고 부정적이며 비관적인 생각을 치료하는 것은 복음을 통해서만 가능하다.

걱정, 근심, 원망, 불평 등 어둠의 세력에서 병이 온다면, 이를 해결할 방법은 빛 되신 예수 그리스도의 복음밖에 없다. 그래서 주일 예배에 참석해 목사님 설교를 듣다가 병이 치유되는 기적이 많이 일어나는 것이다.

"예수께서 또 말씀하여 이르시되 나는 세상의 빛이니 나를 따르는 자는 어둠에 다니지 아니하고 생명의 빛을 얻으리라" 요한복음 8:12

기쁨, 즉 육체적 쾌락을 느끼면 우리 몸에서는 엔돌핀과 도파민이 나온다. 도파민은 류머티스 관절염의 치료제다. 우리 몸은 영적 세계와 지적 능력이 그대로 표현되는 장인 셈이다.

믿는 사람이 류머티스 관절염에 걸렸다면 나는 그에게 회개부터 하라고 말한다. 즐거움이 없이 살기 때문이다. 하나님의 자녀로서 살기로 작정했는데 삶에 기쁨이 없다면 영적으로 문제가 있는 것이다. 너와 내가 하나 될 때 '옥시토신'이 나온다. 이것은 '우울증'의 치료제이다. 좋은 친구 한 명만 있으면 우울증에 걸리지 않는다. 우리는 예수님을 믿는 사람들이다.

예수님과 함께 행복과 기쁨을 누린다면 결코 우울증에 걸리지 않을 것이다.

"항상 기뻐하라 쉬지 말고 기도하라 범사에 감사하라 이는 그리스도 예수 안에서 너희를 향하신 하나님의 뜻이니라" 데살로니가전서 5:16-18

기쁨은 건강의 근원이다. 하나님은 당신의 기쁨을 위해 우리를 창조하시고, 우리도 기뻐하라고 말씀하신다. 이것이 하나님이 인간을 창조하신 원리다. "항상 기뻐하라"는 데살로니가전서 말씀은 명령이다. 전쟁터에서 "돌격! 앞으로!"를 외치는 것과 같다. 기쁜 일이 많아서 기뻐하는 것이 아니라, 하나님의 명령이니까 기뻐하는 것이다.

그리스도인이 도둑질하지 않는 이유는 무엇인가? 하나님께서 하지 말라고 십계명에서 명령하셨기 때문이다. 그리스도인이 부모를 공경해야 하는 이유는 무엇인가? 하나님이 그렇게 하라고 명령하셨기 때문이다. 누군가는 마음속으로 '부모가 공경받을 만해야 공경하지'라고 생각할지도 모른다. 부모들 중에는 존경받지 못할 행동을 하는 사람도 많다. 그래도 하나님께서 하라고 하셨으니 해야 한다.

"쉬지 말고 기도하라"고 성경은 말한다. 이어서 "범사에 감사하라"고 명령한다. 전쟁터에서 병사들은 목숨을 걸고 명령에 순종한다. 우리는 그리스도의 영적 군사다. 그리스도의 명령에 따라 기뻐하고 기도하고 감사하는 삶을 살면 T림프구가 변이되어 자가 면역 질환을 일으킬 일도 없다.

기뻐하고 기도하고 감사하는 삶을 살기 위해서는 먼저 생각을 바꾸어야 한다. '거듭남'이라는 말이 있다. 이는 옛 생각에서 새 생각으로 바뀌었다는 뜻이다. 생각이 바뀌려면 말씀을 듣고 읽어야 한다. 거듭나면 T림프구가 재생된다.

말씀을 사모하게 해달라고 기도하자. 예배를 통해 말씀을 잘 듣고 은혜를 받으면 건강을 회복할 수 있다. 질병이 치유되는 역사가 일어난다. 부정할 수 없는 하나님의 창조 원리이기 때문이다.

뇌는 시제를 모른다

"목사님, 그때만 생각하면 화가 치밀어 못 살겠어요. 자다가도 벌떡 일어난다니까요."

누구나 마음속에 케케묵은 화가 있다. 남편이 바람을 피워서, 자식이 속을 썩여서, 부모로부터 받은 상처로 인해 여전히 분노하고 있는가? 친척에게 돈을 빌려 줬다가 떼이거나, 둘도 없는 친구에게 사기를 당해 불면증에 시달리는가? 파산, 해고, 이혼, 사별, 왕따, 폭행의 기억이 지워지지 않아 밤마다 악몽을 꾸는가?

인간의 대뇌는 과거, 현재, 미래를 모른다. 30년 전 일을 마치 오늘 일처럼 생생하게 이야기한다. 지금 당한 일처럼 울고불고 화를 내다가는 끝내 분을 이기지 못한다. 하나님의 은혜를 경험하고 내 생각이 바뀌지 않는 한, 상처의 흔적은 지워지지 않는다.

"마음의 즐거움은 양약이라도 심령의 근심은 뼈를 마르게 하느니라" 잠언 17:22

일본의 저명한 언어학자이자 문장가로 유명한 도야마 시게히코 교수는 망각의 힘을 주장한다. 그의 책《왜 나는 사소한 것까지 기억하려 하는가》의 한 구절을 소개한다.

"인간은 늘 지식과 감정, 욕망, 이해관계에 얽매여 있다. 이런 얽매임에서 벗어나지 않는 한 인간은 자유로워질 수 없으며 끊임없이 우리를 속박하는 것들로부터 벗어나는 것이 그리 쉽지 않다. 끊임없이 발목을 잡는 과거의 기억, 불쑥불쑥 차오르는 부정적인 감정, 그리고 아무리 채워 넣어도 만족을 모르는 욕망, 이런 것들에서 벗어나기 위해 망각처럼 훌륭한 도구는 없다."

어떤 사람은 "그땐 그냥 넘어갔는데 지금 생각하면 뉘앙스가 아주 기분 나빠요."라고 말한다. 왜 부정적인 과거를 생각하여 현재 누릴 수 있는 행복을 포기하는지 알다가도 모를 일이다.

현재 주어진 은혜 안에서 축복을 누리며 살아야 한다. 오늘, 지금 이 순간 감사해야 한다. 성경은 "범사에 감사하라"고 말하지 않는가.

어린아이는 가만히 앉아 있지 못한다. 가만히 앉아만 있다면 오히려 문제인 것이다. 어린아이는 열이 많기 때문에 어디서든 뛰어다닌다. 온몸으로 열을 발산하며 땀을 쏟는다. 반면 나이 들면 열이 복부에만 모이고 몸은 전체적으로 차가워진다. 나중에 몸은 움직이기 싫고 말만 많아지는데, 체온 유지를 위해 말을 많이 하게 되는 셈이다.

안타깝게도 대다수 그리스도인들은 과거 때문에 현재와 미래를 망친다. 60대 이상의 어르신들이 모인 곳에 가면 나는 기가 죽는다. 가만히 들어 보면 과거에 잘나가지 않았던 사람이 없기 때문이다. 몇십 억대 자산가였던 사람, 대기업에서 승승장구하던 사람, 해외를 누비며 일하던 사람부터 공기업 고위직 은퇴자, 교직 출신까지 참 다양하다. 그런데 그들의 현재와 미래의 삶은 어떨까. 물론 은퇴 후 더 큰 행복과 여유를 누리는 사람도 많다. 하지만 그렇지 않은 사람이 더 많은 것이 현실이다. 그리고 과거와 다른 삶을 사는 아니 과거보다 누추한 삶을 사는 사람은 늘 현재의 정치, 경제, 사회 현상을 비판하며 울분을 호소한다. 그러다 "에잇! 다 무슨 소용이 있어. 술이나 마시러 가자!" 하며 내 몸을 망치기도 한다.

유대교에서 내려오는 이야기 중에 '다윗 왕의 반지'에 관한 것이 있다. 어느 날 다윗 왕은 궁중의 세공인을 불러 자신을 위해 아름다운 반지를 만들라고 명령한다. 그러면서 한 가지를 부탁한다. 전쟁에서 승리를 거두어 환호할 때 지나치게 들떠서 오만함에 빠지지 않도록 하고, 패배를 겪었을 때 헤어나지 못할 정도로 좌절하지 않도록, 반지에 글귀를 새겨 오라는 것이다. 왕의 마음을 다스리는 글귀를 새기라니, 참 어려운 부탁이 아닐 수 없었다. 세공인은 깊이 고민했다. '권력과 부와 명예를 얻었을 때 자칫 빠지기 쉬운 교만을 이기고, 실패와 치욕과 가난 속에서 용기와 희망을 잃지 않게 할 수 있는 글귀란 무엇일까!' 세공인은 솔로몬을 찾아가 도움을 청했다. 그때 솔로몬은 이렇게 말한다.

"이것 또한 지나가리라."

그런데 왜 지나간 일을 다시 떠올리며 곱씹는가 말이다. 씹었던 껌을 벽에 붙여 두었다가 떼어서 날마다 씹고 또 씹는 셈이다. 단물이 다 빠져 아무 맛도 나지 않는데 습관적으로 씹는 것이다. 우리 심령을 상하게 하고 마귀의 꾀에 빠지게 하는 부정적인 습관은 버려야 한다.

정신과 의사이자 이화여대 교수였던 이근후 박사는 《나는 죽을 때까지 재미있게 살고 싶다》라는 책을 썼다. 그는 고혈압과 당뇨 등 일곱 가지 질환을 앓고 있고 한쪽 눈도 실명했지만 교수직에서 은퇴한 뒤 다시 대학에 들어가 경영학과를 수석으로 졸업했다. 늘 어린아이 같은 호기심과 열정으로 현재를 사는 사람이란 생각이 들었다. 어린아이 같은 어른들이 오래 산다. 무슨 일이든 재미를 느끼니 순간순간 즐겁고 행복하기 때문이다.

반면 어떤 권사님은 육십 세를 막 넘었는데 "나는 노인이라 다 귀찮아요."라는 말을 달고 산다. 요즘 경로당 가면, 육십 세는 명함도 못 내민다. 80~90세 어르신들에겐 막내 동생뻘이니 말이다.

기독교인의 관점은 현재적인 종말론에 있다. 지금, 현재가 중요하다는 말이다. 지금 구원받았는가, 지금 내 마음속에 천국이 임했는가가 중요하다. 이것이 바로 우리 신앙의 현주소이다. 하나님이 내 생각과 삶을 통치하면 바로 그곳이 천국이다. 그러면 내 마음이 기쁘고 활력이 생기며 신체가 건강해진다.

아울러 영성의 기본은 꿈을 가지고 사는 것이다. "그런즉 누구든지 그리스도 안에 있으면 새로운 피조물이라 이전 것은 지나갔으니 보라 새것이 되었도다"라는 고린도후서 5장 17절 말씀처럼, 그리스도인은 미래 지향적인 삶을 살아야 한다. 꿈을 가지고 하나님 앞에 기도하고, 말씀의 씨를 뿌리고, 신앙을 키워 나가면 반드시 꿈이 이루어지는 것이 영적인 세계다.

언어에는 인체를 지배하는 힘이 있다

맛있는 음식을 보거나, "아, 맛있겠다!"라는 말만 해도 입 안에 군침이 돈다. 아직 음식을 맛보지도 않았는데 군침이 도는 이유는 대뇌의 기능 때문이다. 대뇌의 구조를 이해하고 성경을 보면 주님이 우리에게 왜 이 말씀을 주셨는지 와 닿고, 믿음이 살아나며, 말씀이 내 삶 속에서 힘을 발휘한다.

1차원의 세계는 점, 2차원 세계는 점과 점이 연결된 선이며, 3차원 세계는 선과 선으로 연결되어 역동성과 움직임이 있다. 그리고 4차원의 세계는 보이지 않는 영적 세계다. 그러면 보이지 않는 세계를 보게 만드는 요소가 무엇일까? 바로 비전이며 꿈이다. 그런데 꿈은 생각 속에 존재한다.

긍정적인 생각을 할 때 빛 되신 예수 그리스도의 능력이 역사한다. 부정적인 생각을 하는 사람에게는 어둠의 세력이 역사한다. 이것이 바로 창조의 원리다.

꿈은 믿음이다. 그리고 이는 언어로 나타난다. 믿는다면 선포해야 한다.

"승리할 줄 믿습니다."
"병이 나을 줄 믿습니다."

성령의 은사는 다 언어의 은사다. 예수님을 믿고 하나님의 자녀로 거듭나면 언어가 변한다. 예전에는 "힘들어", "죽고 싶어", "어려워"라고 말하던 상황에서 이제는 "주여!"라고 말하지 않는가. 계단을 오르다 힘이 들어도 "주여!" 한 번 부르면 힘이 생긴다. 부담스럽다며 이리저리 미꾸라지처럼 피하던 대표 기도를 시켜도 "주여!" 하면서 순종하게 된다. 층간 소음 때문에 괴로울 때도 "주여!" 하며 관용을 베풀고, 운전하다가 급하게 끼어드는 차가 있어도 "주여!" 하면 용서가 된다.

"그러나 이 모든 일에 우리를 사랑하시는 이로 말미암아 우리가 넉넉히 이기느니라" 로마서 8:37

"악에게 지지 말고 선으로 악을 이기라"는 로마서 12장 21절 말씀은 선한 말이 갖는 힘을 다시 한 번 일깨워 준다. 고약한 상대 앞에서도, 힘든 상황 속에서도 선한 말로 상황을 지배해야 한다. 신앙인의 인격은 언어로 나타난다. 아름다운 언어를 사용하면 아름다운 사람이 되고, 더럽고 추악한 언어를 사용하면 더럽고 추악한 사람이 되고 만다. 거친 말을 입에 달고 사는 사람을 보고 "아름답다" 또는 "인격적이다"라고 말하지 않는다.

욥기 2장에서 욥은 까닭을 알 수 없는 고난을 당한다. 그는 순전하고 정직하며 여호와를 경외하는 자였다. 끝없는 역경 속에서도 입술로 죄짓지 않았다. 욥의 아내는 "당신이 그래도 자기의 순전을 굳게 지키느뇨, 차라리 하나님을 욕하고 죽으라"고 말한다. 그때 욥은 "우리가 하나님께 복을 받았은즉 재앙도 받지 아니 하겠느뇨" 하고 입술로 죄를 짓지 않는다. 그 결과, 하나님은 욥에게 전보다 더 큰 축복을 허락하신다. 하나님을 경험한 사람들은 자기 생각대로 말하지 아니하고, 하나님이 말하게 하신 대로 말한다.

"죽고 사는 것이 혀의 힘에 달렸나니 혀를 쓰기 좋아하는 자는 혀의 열매를 먹으리라" 잠언 18:21

예수님이 신약에서 하신 모든 말씀은 구약에서 하나님이 말씀하신 것이다. 예수님조차 자기 마음대로 말하지 않으셨다. 하나님의 창조 원리를 거스르지 않기 위해서다. 아무리 삶이 변해도 언어가 바뀌지 않으면 아름다워 보이지 않는다.

경상도 남자들은 "사랑한다."고 말하라고 하면 "알지?"라고 하는데, 과연 상대방이 그 마음을 알까 의문이다. 억지로라도 "사랑한다."라고 고백해 보자. "사랑한다"는 말을 자꾸 하다 보면 미움과 원망의 대상도 점차 좋아진다.

> "사람은 입에서 나오는 열매로 말미암아 배부르게 되나니 곧 그의 입술에서 나는 것으로 말미암아 만족하게 되느니라" 잠언 18:20

하나님의 형상대로 만든 인간의 속성

> "하나님이 자기 형상 곧 하나님의 형상대로 사람을 창조하시되 남자와 여자를 창조하시고" 창세기 1:27

하나님은 인간을 자기 형상대로 만드셨다. 여기서 형상이란 속성을 말한다. 하나님이 인간에게 주신 속성 중 첫째는 거룩성이다. 거룩성은 행위에 있는 것이 아니다. 성경을 옆구리에 끼고 찬

송가를 흥얼거리며 만나는 사람에게 "할렐루야!" 하고 웃어 보인 다고 해서 거룩한 것이 아니다.

거룩은 위치이다. 어디에 있는지가 거룩이다. 마치 밥이 밥그릇에 있는가, 아니면 밥상 위에 있는가 말이다. 하나님의 자녀가 주일에 있어야 할 자리는 교회다. 주 5일 근무제가 도입되면서 캠핑족이 늘었다. 토요일만 되면 가족끼리 야외 캠핑장에 갔다가 주일 오후에나 집으로 돌아온다. 그런데 하나님의 자녀라면 얘기는 달라진다. 이러한 삶은 거룩성을 스스로 포기한 결과이기 때문이다. 여호와께서 모세에게 십계명을 주실 때 첫 마디가 "너희는 거룩하라"였다.

"너는 이스라엘 자손의 온 회중에게 말하여 이르라 너희는 거룩하라 이는 나 여호와 너희 하나님이 거룩함이니라" 레위기 10:2

우리의 몸도 마찬가지다. 우리 몸은 모든 장기가 원래의 위치에 있을 때 건강하다. 항상 몸을 바르게 세우면, 오장육부가 제자리에 있으니 건강하다. 반면 몸을 늘 구부리거나 틀어진 자세로 서 있는 사람은 건강하지 못하다.

예컨대 몸을 습관적으로 구부리면 폐가 위장과 가까워진다. 그런데 위는 늘 열이 있는 장기인 반면, 폐는 차가운 장기다. 한의학에서는 폐에 열이 발생하는 원인은 건조하거나 손상을 입어 진액이 소모되었기 때문이라고 설명한다. 폐에 병이 생기면 코에 나타난다. 비염, 축농증, 아토피 등은 다 폐에서 오는 병이다.

따라서 몸을 바로 세워 오장육부가 제자리에 있게 해야 한다. 현재 미국에서 전립선암 환자 수가 300만 명에 육박한다.

가공육과 적색육, 고지방 유제품 등을 과하게 섭취하는 서구식 식생활 때문이기도 하지만, 나는 미국인들의 다리 꼬는 습관에 원인이 있다고 본다. 다리를 꼬면 회음부를 압박해 혈액 순환을 어렵게 하고 전립선을 압박하기 때문이다.

아울러 다리를 꼬면 골반과 척추에 변형을 가져와 다리 길이가 짝짝이가 되며 골반 균형이 깨져 여러 부위에 통증이 생길 수 있다.

신앙도 그렇다. 제자리를 지키지 않으면 균형이 깨진다. 거룩성을 잃으면 이곳저곳이 아프다. 강조하건대, 거룩성은 그리스도 안에 있을 때, 하나님의 피조물로서 세상과 구별된 자리에 있을 때 나타난다.

하나님이 인간에게 주신 두 번째 속성은 완전성이다. 하나님은 인간을 만들 때 영과 혼, 육이 하나 된 완전한 존재로 만드셨다. 따라서 거룩성과 완전성을 잃어버리는 건 영적 사망에 이르는 것이다. 그런데 이를 회복하는 것이 구원이다.

흔히 '퇴행성'이란 말을 많이 쓴다. 퇴행성 허리 디스크, 퇴행성 관절염 등. '퇴행성'이란 말은 나이 들어 닳아 없어지는 이치를 이야기한다. 하지만 이는 지극히 인간적인 생각이다. 하나님의 형상대로 만들어진 육체는 닳아 없어지지 않는다. 단지 인간의 뇌에서 몸을 보호하기 위해 연골을 말리게 한 것인데 내시경으로 보면 마치 닳아 없어진 듯 보이는 것이다. 이는 '탁탁' 치면 제자리를 찾아간다.

'탁탁' 치면 아프다. 그런데 고통은 회복의 길이다. 신앙도 마찬가지다. 고통 속에서만 하나님을 경험할 수 있다. 절망의 자리가 바로 소망의 자리인 것이다.

안중나사렛교회 집회에서 만난 공병양 집사님을 잊을 수 없다. 그는 스무 살 무렵 디스크 수술을 받고 늘 허리가 아플까 봐 조심하며 살았다. 머릿속으로 '나는 디스크 수술을 했으니 조심해야 해' 하고 되뇌며 사는 인생이었다.

그러다가 결혼해 세 아이를 낳고 키우면서 허리가 다시 아프기 시작했다. 병원에 가니 "아직 삼십 대인데 허리는 육십 대처럼 디스크 협착이 심하다."라고 했다. 결국 의사는 수술밖에 방법이 없다고 했다. 또다시 수술을 받아야 한다는 사실에 절망하며 7개월간 제대로 일어나지도 걷지도 못했다.

가장 힘든 것은 잠을 이룰 수 없는 극심한 통증이었다. 오죽하면 "하나님, 저 좀 데려가 주세요." 하고 눈물의 기도를 했을까. 그녀는 내가 인도한 집회에 참석했고, 교정을 받은 뒤 가르쳐 준 운동을 하루에 6~8번씩 꾸준히 했다. 그런데 3개월 뒤 통증이 사라졌다.

지금 공병양 집사는 교정 방법을 배워 아픈 사람을 치료하는 교정 사역을 감당하고 있다.

우리가 성령을 만나 영적인 거듭남이 있었다면, 이젠 하나님의 창조 원리에 입각한 교정 운동을 통해 육적인 거듭남을 해야 한다. 하나님은 인간을 완전하게 만드셨다. 따라서 우리 몸은 스스로 치유할 수 있다. 몸을 바로 펴면 고쳐진다. 질병의 원인을 해결하면 회복되는 것이다.

세 번째 인간의 속성은 영원성이다. 하나님은 인간을 영원한 존재로 만드셨다. 그런데 죄로 인해 하나님의 형상을 잃어버리면서 영적으로 사망에 이르게 된다. 죽을 수밖에 없는 우리를 회복해 주신 것이 바로 구원이다. 죄로 죽을 수밖에 없는 우리를 하나님의 자녀로 삼아 주신 것이다. 영생의 존재로 회복시키셨다. 바로 여기에서 건강의 비결이 만들어졌다.

> "내가 내 언약을 나와 너 및 네 대대 후손 사이에 세워서 영원한 언약을 삼고 너와 네 후손의 하나님이 되리라" 창세기 17:7

육체가 하나님의 형상을 잃어버리는 것이 질병이라면, 이걸 회복하는 것이 건강이다.

병은 내 몸이 살기 위해 스스로 만든 것이다. 잘못된 습관과 섭생, 마음의 고통이 지속되면 몸은 모든 것을 잃어버릴까 봐 살기 위해서 스스로 병을 만든다.

기침도 살기 위해서 하는 것이다. 딸꾹질도 살기 위해서 한다. 트림과 구역질이 내 몸에서 나타나는 것은 살기 위한 몸부림이다.

바른 운동, 바른 섭생, 바른 마음을 실천하면 이 모든 병은 이길 수 있다.

현대 의학의 기준으로 보면, 내 이야기는 이해하기 힘들다. 나는 아픈 몸을 치료하기 위해 교정 치료에 관심을 기울였고, 성경에 있는 창조론이야말로 인간의 육체를 이해하기 위한 본질적 개념을 제시하고 있다는 걸 깨달았다.

나는 의사도 한의사도 아니며 치료사도 아니다. 단지 주의 종으로서, 하나님의 말씀인 성경을 토대로 영과 육을 이해하고 말한다.

그 과정에서 깨달은 건강 관리법을 이야기하는 것이다. 지금 말하는 하나님의 형상과, 앞서 설명한 대뇌의 원리는 신학을 공부하는 사람은 누구나 배우는 것이다.

"하나님이 세상을 이처럼 사랑하사 독생자를 주셨으니 이는 그를 믿는 자마다 멸망하지 않고 영생을 얻게 하려 하심이라" 요한복음 3:16

하나님은 우리에게 영원한 생명을 주셨다. 그러나 인간은 늘 고뇌한다. 오늘도 거짓말하고 남을 미워했는데, 남편과 싸웠는데, 구원받을 수 있을까? 그때 하나님은 그래도 너는 내 백성이라고, 보혈의 피로 구속받은 하나님의 자녀라고 말씀하신다.

PART 2

인체의 구조

오직 사랑 안에서 참된 것을 하며 범사에 그에게까지 자랄지라 그는 머리니
곧 그리스도라 그에게서 온 몸이 각 마디를 통하여 도움을 받음으로 연결되고 결합되어
각 지체의 분량대로 역사하여 그 몸을 자라게 하며 사랑 안에서 스스로 세우느니라
에베소서 4:15-16

등이 휘면 질병이 온다

엄마 뱃속에서 가장 먼저 만들어지는 것이 척추다. 척추는 24개의 척추뼈로 구성되어 있다. 경추 7개, 흉추 12개, 요추 5개이며 위에서 아래로 번호를 붙인다.

그중 흉추는 12개의 뼈로 이루어진다. 우리 몸에는 총 216개의 뼈가 있는데, 붙어 있는 뼈는 없다. 다 따로 떨어져 있다. 그런데 흉추는 '디스크'라는 추간판에 의해 연결된다. 우리가 흔히 "디스크가 왔다", "디스크가 터졌다"라고 하는데, 디스크는 원반 모양이며 뼈와 뼈 사이에서 완충제 역할을 한다.

에스겔서 37장 1~14절을 보면, 하나님이 선지자 에스겔에게 보여 주신 환상이 나온다.

"여호와께서 권능으로 내게 임재하시고 그의 영으로 나를 데리고 가서 골짜기 가운데 두셨는데 거기 뼈가 가득하더라 나를 그 뼈 사방으로 지나가게 하시기로 본즉 그 골짜기 지면에 뼈가 심히 많고 아주 말랐더라 그가 내게 이르시되 인자야 이 뼈들이 능히 살 수 있겠느냐 하시기로 내가 대답하되 주 여호와여 주께서 아시나이다 또 내게 이르시되 너는 이 모든 뼈에게 대언하여 이르기를 너희 마른 뼈들아 여호와의 말씀을 들을지어다 주 여호와께서 이 뼈들에게 이같이 말씀하시기를 내가 생기를 너희에게 들어가게 하리니 너희가 살아나리라" 에스겔 37:1-5

에스겔이 여호와의 말씀을 대언하니, 골짜기에 가득한 뼈가 움직여 서로 연결되고 힘줄이 생기고 살이 오르고 가죽이 덮이며 생기가 들어가 큰 군대를 이룬다.

흉추는 우리 몸을 지탱하는 군대와 같다. 하나님께서 우리 몸을 지탱하도록 군대를 세워 주신 것이다. 그런데 그 군대가 무너지거나 하나라도 상처를 입으면 사람은 일어나 앉지 못한다. 걷기도 힘들다.

흉추에는 중추 신경이 지나가고, 피가 만들어지며 오장육부가 연결된다. 등이 휘면, 뇌는 근육에 힘을 가해 휘는 걸 막도록 한다. 그 결과 근육이 단단하게 굳어 통증이 생긴다. 디스크가 빠져나와 아픈 것이 아니라, 근육이 굳어 아픈 것이다. 그런데 병원에 가서 수술하면 다 나을 줄로 생각한다. 등이 아프다면, 일어서지도 못할 만큼 고통스럽다면, 우선 내 몸이 틀어지지 않았는가 살펴야 한다.

우리 교회에는 기도를 많이 하는 권사님, 집사님이 있다. 그 기도 대장들 덕분에 내가 교정 사역을 할 수 있는 것이다. 기도하면 하나님이 움직이고 역사하신다.

그런데 새벽 기도, 금요 철야 예배 등 하루도 빠짐없이 기도하다 보니 건강에 빨간불이 켜지기도 한다. 기도할수록 영적인 능력이 생기고 몸도 건강해야 하는데 말이다.

그 원인은 자세에 있다. 대다수 사람들은 엎드려 기도한다. 하지만 건강을 위해 의자에 엉덩이를 붙이고 바르게 앉아서 몸을 곧게 펴고 기도하길 권한다.

허리 디스크는 질병이 아니다

보통 허리가 아프면 병원에 가서 엑스레이부터 찍는다. 그러면 병원에서는 '추간판 탈출증'이면 디스크가 빠져나와 신경을 눌렀다고 해서 수술로 추간판을 잘라내고, '척추관 협착증'이면 척추관을 넓게 늘려 주는 경우가 많다. 척추가 앞으로 미끄러지는 '척추전방위증'은 인공뼈로 갈아 끼운다. 이것이 현실이다.

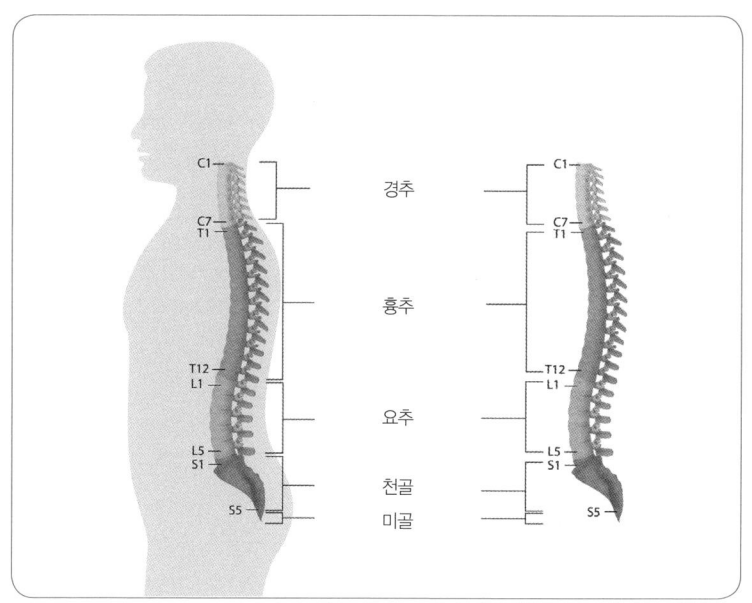

그런데 척추 수술을 하면 일단 허리 힘이 40%는 사라진다. "허리에 힘을 못 쓴다."라는 말을 들어 봤을 것이다. 수술한 사람은 힘든 일을 영영 못한다. 조금만 힘을 써도 "오늘은 허리가 안 좋아서…"라며 자리에 누워 버린다.

그렇다면 진화론이 아닌 창조론에 근거해 설명해 보자. 무엇 때문에 아픈 걸까? 허리 통증의 원인을 알아야 한다. 뼈가 틀어지면 뇌에서는 더 이상 빠져 나오지 않도록 하기 위해 근육을 단단하게 굳힌다. 굳어진 근육이 신경을 눌러서 허리가 아픈 것이다.

뭉친 근육을 풀면 통증이 없어진다.

그래서 어릴 때는 안 아프지만, 나이가 들면 근육이 단단해져서 아픈 경우가 많다. 그렇기 때문에 뇌에서 굳힌 근육은 뇌에서 풀도록 만들어야 한다. 거기에 고통을 주면 신경을 누르던 근육이 풀린다. 고통을 주는 것이 '툭툭' 쳐주는 교정 치료이고, 인내하며 유지하기 위한 것이 구르기 운동이다. 수술로 허리 힘을 잃어버린 사람도 구르기 운동의 효과를 본다. 굳은 근육이 풀리기 때문이다.

나는 9남매 중 막내다. 아버지는 농사꾼이었는데, 농사일이 얼마나 힘든지 어떤 날은 아버지가 마루에서 방까지 오는데 30분이 넘게 걸렸다. 고통 때문에 숨도 못 쉴 정도였다. 그럴 때면 늘 막내인 나를 불렀다. "완우야!" 하고 부르면 나는 아버지의 꼬마 주치의가 되었다. 손으로 아픈 곳을 쓰다듬고 눌러 주고 나중에 발로 밟다 보면 족히 30분은 걸렸다. 그래도 아버지는 허리 수술을 받지 않고 그 많은 농사를 다하면서 일생을 살았다. 허리는 백이면 백, 근육을 풀면 치료된다. 단언하건대 허리 디스크는 질병이 아니다.

마중물교회 김개령 집사를 만난 것은 지난해 8월이었다. 허리가 심하게 아프고 다리까지 마비됐지만 '이러다 괜찮겠지' 하면서 참고 또 참았단다. 급기야 일어서지 못할 정도로 악화되어 병원에 갔다.

병원에서 자기공명영상(MRI) 촬영을 했는데, 결과를 확인한 의사가 디스크가 터졌다며 곧바로 수술하자고 했다. 진료를 받는 중에도 허리의 통증이 너무 심해 수술밖에는 통증에서 벗어날 길이 없어 보였다. 수술을 받기로 마음먹은 그때였다. 동행했던 교회 사모님이 "허리를 수술하기 전에 아는 집사님께 교정을 받아 보자."라고 권유한 것이다.

김 집사는 걱정하는 병원 의사를 뒤로 한 채, 집으로 돌아와 곧바로 교정 치료를 받았고, 구르기 운동과 흉추 7번에 목침 대기, 엉치뼈에 목침 대기, 걷기 등 네 가지 척추 교정 운동을 시작했다. 처음 구르기 운동을 할 때는 통증 때문에 견디기 힘들 정도였다. 하지만 하루 이틀 시간이 흐르자 통증이 점차 사라지더니 일어서기조차 힘들던 몸이 가벼워졌다. 토요일 오전까지 통증을 호소하다가 주일 아침에는 일어서서 교회에 가는 놀라운 변화가 생긴 것이다.

앞서 말했듯이 하나님은 인체를 허술하게 만들지 않으셨다. 완전하게 만드셨다. 인체 안에 기적의 원리를 심어 주셨다.

제자리를 찾으면 통증은 사라진다

경추는 머리와 목에 있는 뼈다. 7개 중에, 1번과 2번은 머리 안에 자리한다. 흔히 두통에 시달리는 사람들의 목덜미를 만져보면 딱딱하게 굳어 있다.

경추에는 머리와 눈, 목, 피부와 연결된 신경이 자리하고 있다. 근육이 굳으면서 신경을 누르면 두통, 고혈압, 시력 장애는 물론 여드름과 습진 등 피부병도 생긴다. 그렇다고 병원을 찾아 약을 처방받으면 신경이 이완되어 통증은 사라진다. 하지만 이는 일시적인 효과일 뿐이다.

뒷목을 손으로 주무르면 머리가 개운해지는 효과가 있다. 이것이 교정 치유 원리다.

앞에서 말했듯이, 척추의 경우 뼈와 뼈 사이에는 추간판, 즉 디스크가 있다. 그런데 경추 1번과 경추 2번 사이에는 추간판이 없다. 경추 1번과 2번은 서로 맞물려 있어서 다른 척추 관절에 비해 서로 밀접한 관계를 갖는다.

간혹 잠을 잘못 자서 아침에 목을 움직일 수 없을 때가 있다. 경추 1번과 2번 사이가 틀어진 것이다. 극심한 통증을 호소하며 목을 잡고 다닌다.

혹시 목 디스크인가 해서 병원을 찾기도 하는데, 그럴 때는 엑스레이나 자기공명영상(MRI) 촬영도 소용없다. 한숨 푹 자고 나면 언제 그랬냐는 듯 통증이 사라지고 목이 부드럽게 움직인다. 자다가 틀어진 뼈가 제자리를 찾은 것이다.

요즘 아이들이 고관절 수술을 받는 경우가 많다. 고관절은 원래 틀어졌다 맞춰졌다 한다. 그런데 수술을 받으면 일생 동안 고통이 따르거나 장애가 생기기도 한다. 우리 교회에도 고관절이 틀어져서 고통받는 아이가 많았다. 내가 교정 치료하여 치유된 경우도 많다.

그 중에는 일곱 살인데 벌써 고관절 수술을 두 차례나 한 아이도 있다. 교정 치료를 받고 지금은 건강하게 잘 지내지만, 수술흉터를 볼 때마다 가슴이 아프다.

이렇듯 제자리를 찾으면 통증은 바로 사라진다. 기쁨의 교회 교인들은 대부분 교정 치료를 할 줄 안다. 교인들이 전도의 사명을 감당할 때 교정 치료가 도움이 되도록 제자 훈련을 시켰다. 교정사역이 가능한 것은 목 디스크나 만성 두통 등 우리가 흔히 질병이라고 생각하는 증상이 병이 아니기 때문이다. 만성 두통은 턱이 빠져서 3차 신경이 눌린 것이다. 턱을 제자리로 갖다 놓으면 머리가 맑아진다.

성도의 신앙도 제자리를 벗어나면 고통스럽다. 그런데 제자리를 찾고 나면 고통이 사라진다. 하나님의 창조 원리다.

"여호와가 너를 항상 인도하여 메마른 곳에서도 네 영혼을 만족하게 하며 네 뼈를 견고하게 하리니 너는 물 댄 동산 같겠고 물이 끊어지지 아니하는 샘 같을 것이라" 이사야 58:11

마지막으로 요추는 1번부터 5번까지 다섯 개의 뼈와 꼬리뼈로 구성된다. 진화론에서는 꼬리뼈를 원숭이가 사람으로 진화하면서 퇴화된 부분이라고 설명한다. 하지만 하나님은 꼬리뼈에 안테나 역할을 부여해, 사람이 처한 환경과 상황을 감지해 중추신경을 통해 대뇌로 전달하도록 창조했다. 그래서 꼬리뼈를 다치면 우리 몸에 이상한 현상이 생기는 것이다.

그 첫 번째가 갑상선 기능 저하, 갑상선 비대증이다. 갑상선 기능 저하는 갑상선 호르몬이 부족해서 몸의 신진대사가 저하되는 질환이다. 이 병에 걸린 사람들은 기력이 없고 몸이 둔해지고 살이 찐다. 병원에 가면 갑상선 호르몬제를 처방해 준다. 갑상선 비대증에 걸리면 갑상선이 커져서 목 앞쪽으로 튀어 나온다. 모두 면역 체계 이상으로 오는 것이다. 자가 면역 질환인데, 호르몬제를 복용하는 것은 일시적인 효과만 있고 더 큰 질환을 유발할 수 있다. 약을 먹지 않아도 내가 권하는 운동을 하면 치료할 수 있다.

영안교회 박정근 목사님은 갑상선에 혹이 있었다. 내가 지구촌교회 이동원 목사님의 소개로 '침례교 미래를 준비하는 모임'에서 강의할 때 만났다. 그는 내가 가르쳐 준 운동을 했는데 두 달 뒤 혹이 사라졌다. 구르기 운동이 효과를 나타낸 것이다.

일명 '구르기 운동'을 하면, 꼬리뼈가 자극받아 갑상선 기능 저하, 갑상선 비대증이 치료된다. 병은 외부의 약이나 수술로 고치는 것이 아니다. 내 몸은 내가 고치는 것이다. 구르기 운동은 바닥에 앉아 무릎을 세운 뒤, 무릎 아래에 두 손을 깍지 낀 채로 누웠다 일어났다 하는 것이다. 한 번에 30회 정도 하면 꼬리뼈가 자극을 받고 기능을 회복한다.

한번은 북경에 있는 21세기교회에 집회하러 갔는데, 부목사님이 갑상선 질환을 앓고 있었다. 집회 때 구르기 운동을 하라는 말을 듣고, 순종하는 마음으로 열심히 했다. 다음 집회 때 만나니 그는 갑상선 질환이 사라졌다고 간증했다. 수없이 많은 사람들이 구르기 운동을 하면서 갑상선 질환이 치료되는 경우를 보았다.

꼬리뼈가 상해 생기는 또 다른 질환은 이명과 어지럼증이다. 이명은 귀에서 '윙~' 소리가 들리는 질환이다. 난치병이라서, 어떤 사람은 별의별 치료를 다해도 낫지 않는다고 하소연한다. 현대 의학에서는 달팽이관의 청각 세포가 손상되었다고 말하는데 그 말도 맞다. 하지만 나는 꼬리뼈에서 균형을 잃었기 때문에 생기는 병이라고 본다. 구르기 운동을 통해 충분히 회복될 수 있다.

발 앞부분으로 걸으면 골반이 틀어진다

지금부터 중요한 이야기를 하려 한다. 하체는 그대로 둔 채, 상체만 한쪽으로 기울이고 계속 서 있다고 해서 척추가 휘는 법은 없다. 즉 상체가 하체를 지배하지는 않는다. 한쪽 다리에만 체중을 신고 삐딱한 자세로 서 있으면 하체가 틀어진다. 대뇌에서 균형을 잡기 위해 상체를 틀어지게 만드는 것이다.

우리가 가진 자가 면역 질환은 대체로 하체가 틀어져서 생긴다. 하체가 틀어지면 상체가 휘며, 모든 장기가 자리를 이동한다. 위치를 상실하는 것은 거룩성을 잃어버리는 것이며, 이는 몸에 통증을 유발한다. 따라서 내분비계와 혈관계에 이상이 생긴다. 뇌수막염, 다운 증후군 등이 그 예다.

고관절은 야곱의 환도뼈다. 골반과 대퇴골을 잇는 부위, 즉 엉덩이 뼈다. 우리 몸의 하중을 지탱하는 데 있어 아주 중요한 역할을 한다. 고관절을 다치면 걷기 힘들 뿐 아니라 허리와 허벅지에 통증이 생긴다. 연결된 다른 관절까지 변형시킨다.

현대 의학에서는 사용량이 많은 관절인 만큼 퇴화가 빠른 신체 부위라고 설명한다. 그리고 고관절이 망가지면 특수 금속을 씌우고, 괴사되면 뼈가 들어차도록 혈관이 생성되는 통로를 인위적으로 만들어 준다. 나이가 많은 노령자는 병든 고관절 자리에 인공 고관절을 삽입한다.

우리 몸의 통증은 하체가 틀어져서 오는 것이다. 하체가 틀어지지 않은 사람은 병이 없다. 우리 몸은 옆에서 보면 S라인이다. 허리 아랫부분을 만져 보면 양쪽으로 뼈가 잡힌다. 엉치뼈, 즉 천골이다. 정상적인 사람은 허리 아랫부분에서 만져지는데, 두 다리가 짝짝인 사람은 밑으로 빠져 있다.

두 다리의 균형이 틀어지는 원인 중 하나는 발 앞부분에 힘을 실어 걷는 습관 때문이다. 여자들이 하이힐을 많이 신으면 나중에 고통을 겪게 된다. 발 앞부분으로 걸으면 뇌는 몸의 균형을 맞추려고 고관절을 틀어 버리기 때문이다. 그리고 고관절을 보호하기 위해 살을 붙게 한다. 다리가 쉽게 부을 뿐 아니라, 생리통이나 생리불순 등의 문제도 생긴다. 자가 면역 질환인 셈이다.

그런데 구르기 운동을 하면 고관절이 제자리를 찾아간다. 노인들도 구르기 운동만 할 수 있으면 보호대 없이 걸어 다닐 수 있다. 고관절 석회화 등 고관절에 생기는 질환도 치료된다. 뼈는 툭툭 건드리면, 제자리를 찾아간다.

또 하체 모양이 틀어지는 원인 중에 하나는 보행기다. 아이들이 어렸을 때 보행기를 타면 발 앞부분으로 걷기 때문이다. 캐나다에서는 2006년부터 보행기 수입과 판매를 금지했다. 유럽에서도 사고 위험과 신체 발육 문제로 보행기를 권하지 않는 분위기다. 유독 우리나라만 아이들을 보행기에 태워 키운다.

소아과 전문의들은 "보행기를 사용하면 안전사고 위험이 있고, 오랫동안 앉혀 두면 안짱다리가 될 수 있다."라고 말한다.

1980~2000년대 초반까지는 보행기 없이 자란 아이들을 찾기가 힘들 정도다. 그래서인지 삼십 대 청년들 중에는 남녀를 불문하고 골반이 옆으로 퍼진 사람이 많은데 이는 엉치뼈가 빠져 엉덩이가 처지게 된 것이다. 등과 허리, 엉덩이 부분이 S라인은 고

사하고 I라인, 즉 일자다.

이럴 경우 자궁과 난소 같은 여성의 생식기가 골반 안쪽에 자리를 잡는 대신, 아래로 이동해 걸을 때마다 자궁과 마찰하면서 열이 난다. 뇌에서는 그 열을 식히기 위해, 즉 살기 위해서 만들어 내는 것이 자궁 근종이라는 근육이다. 난소에는 물집이 생기는데 이 물집은 열이 식으면 자연스럽게 사라진다. 우리 몸의 상태에 따라 생겼다 없어졌다 하는 것이다.

경북 선산에 있는 독도교회 담임 목사 사모님은 자궁 근종과 요실금으로 고생했다. 게다가 허리가 아파서 두 차례나 입원할 정도였다. 하지만 교정 치료를 받고 구르기 운동을 비롯한 네 가지 운동을 하면서, 올해 1월 자궁 근종이 깨끗이 사라졌다는 진단을 받았다. 그뿐 아니라 부인과 질환인 요실금도 말끔히 사라졌다. 허리는 수술하지 않아도 될 정도로 건강을 유지하고 있다.

보행기를 사용하지 않고 무릎으로 기어 다니면서 큰 우리 세대는 엉치뼈 모양이 둥그스름하다. 반면에 보행기를 탄 채 발 앞부분으로 걸어 다닌 아이들은 엉치뼈 앞부분이 안으로 들어가서 평평한 모양을 하고 있다. 엉치뼈 모양이 평평하면 불임이 되는 경우가 많다. 엉치뼈 앞부분에 치골이 있는데, 남자와 여자의 모양이 다르다. 여자의 치골은 둘로 나뉘어져 있고 남자는 붙어 있다. 아이를 분만할 때 벌어지는 뼈가 그곳이다.

그런데 보행기를 탄 사람들은 치골이 거의 안으로 들어가거나 틀어져 있다. 그래서 생리통이 생기는 것이다. 이런 사람은 임신 기간 동안 입덧도 남보다 심하다.

두 번째 운동인 엉치뼈에 목침 대기를 2분간 하면 엉치뼈가 제자리를 찾고 생리통 등 부인과 질환이 사라진다. 특히 40일 금식 기도로도 빼기 힘든 골반 살이 빠진다.

요즘 아이들을 보면 십 대에 난소와 자궁에 물혹이 생겨 치료를 받고, 20~30대에 조기 폐경이 오는 경우도 있다. 여성 불임률이 40%나 된다니 참으로 안타깝다. 엉치뼈가 빠진 아이들은 하나 같이 티셔츠 뒷부분이 빠져 있다. 단정하게 입으려 해도 엉치뼈와 골반이 받쳐 주지 않으니 고정이 안 된다. 청바지는 또 어떤가. 엉덩이가 일자라서 바지가 헐겁게 내려온다. 그마저도 골반이 틀어져서 바지가 옆으로 돌아간다.

우리나라에서 가장 많이 생기는 전문 의료 기관이 척추 병원이다. 요즘 허리 아픈 아이들이 많다. 척추측만증에다 고관절 질환, 디스크까지 천차만별이다. 아이들이 "아이고, 허리야!" 소리를 한다. 그냥 웃고 넘어갈 일이 아니다. 부모가 아이를 키울 때 보행기에 의존하기보다는 무릎으로 기어 다니게 하고, 스스로 일어서서 걷기를 기다려야 한다. 그래야 골반이 제 모양대로 튼튼하게 발육하고 몸이 균형을 잡는다.

요즘 아이들 중에 고관절 괴사 혹은 고관절에 석회가 껴서 수술 받는 경우도 많다. 그런데 수술하면 평생 어려움을 겪게 된다.

앞서 말한 구르기 운동을 하면 고관절이 제자리를 찾고 두 다리의 길이도 같아진다.

엉치뼈에 목침 대고 눕기

엉치뼈와 골반이 제자리를 잡도록 하기 위한 방법이 있다. 목침 요법은 간단하다. 2분만 투자하면 된다. 허리 아래 엉치뼈 부위에 목침을 대고 눕는 것이다. 허리가 아니다. 간혹 허리에 대고 누웠다가 통증이 더 심해졌다고 하는 사람이 있다. 틀어진 엉치뼈를 바로 잡으면 허리 통증도 씻은 듯 사라진다.

앞서 말했듯이 뇌는 인체 변화에 민감하게 반응한다. 다만 엉치뼈에 목침 대기는 2분을 넘지 않도록 해야 한다. 2분이 넘으면 근육이 굳는다. 엉치뼈 대기를 하면 요실금과 치질이 사라진다. 난소, 자궁, 전립선 질환이 치료된다.

생명은 하나님이 주신 것이다. 그런데 설마 하나님이 육체의 아픔을 이겨 낼 힘도 주시지 않았겠는가. 하나님은 우리 몸을 완벽하게 만드셨는데, 인간이 잘 관리하지 못해서 병이 생기는 것이다.

만약 하나님이 우리 육체를 오십 년, 육십 년 만에 닳게 만드셨다면 성경의 나오는 믿음의 선조들은 어떻게 살 수 있었겠는가.

하나님은 우리에게 생명을 주실 때, 건강하고 아름답게 인생을 누리다가 주님과 함께 영원한 생명에 이르게 하셨다. 그것이 인간을 창조하신 하나님의 뜻이자 섭리다.

평생 건강하게 사는 방법은 하체의 균형을 바로 잡는 것이다. 이를 위해서는 자꾸 걸어야 한다. 우리 어머니는 94세에 하나님 품으로 가셨다. 막내아들인 내가 찾아뵐 때마다 허리 교정을 해 드린 덕분에 연세에 비해 건강을 잘 유지하는 편이었다.

그런데 감기 몸살에 걸려 병원에 진료를 받으러 갔는데 의사가 이렇게 말했다.

"할머니, 일주일간 움직이지 마시고 누워 계셔야 낫습니다."

의사의 말대로 누워만 계시다가 일주일 만에 하체가 힘을 못 쓰게 됐다.

나는 그때 의사가 "할머니, 그래도 조금씩 걷고 움직이셔야 빨리 낫습니다."라고 말했다면 아직 생존해 계시리라 생각한다. 인간의 몸은 움직일 때 자연 치료된다고 믿기 때문이다. 하나님이 인간을 완전하게 만드셨기 때문이다.

그러고 보면 교회에서 나이 지긋한 권사님들 중에도 잘 걸어 다니는 분이 건강하다. 신앙도 마찬가지다. 말씀의 기초가 있어야 시험이 없다. 무슨 말인가 하면, 기초 체력이 있어야 건강하듯, 말씀을 사모하고 묵상하며 새벽 기도 하는 사람은 시험에 쉽게 넘어지지 않는다는 것이다. 말씀이 튼튼하게 뒷받침해 주니 넘어질 일이 없다. 오히려 시험이 오면 믿음이 강해진다.

남자들은 축구하다가 종아리에 쥐가 나면, 앉아서 발목을 젖힌다. 그런데 무릎이 접질리면 무릎에 열이 난다. 뼈는 틀어지면 열이 난다. 대뇌는 그 열을 식히기 위해 무릎에 물을 채우는 것이다. 그런데 병원에 가면 물을 빼버린다. 물을 거듭 빼면 십중팔구 수술밖에 길이 없다는 소리를 듣게 된다.

그런데 치유 사역을 통해 수많은 사람의 무릎이 치유되는 역사를 경험했다. 신기하게도 무릎을 툭툭 쳐서 제자리를 찾게 하면 무릎에 찼던 물이 싹 사라진다.

발목이 접질리면 발이 붓기 마련이다. 접질린 부분에서 발생하는 열을 식히기 위해 붓는 것이다. 얼음물에 발목을 담그면 붓기는 빠진다. 그런데 간혹 핫 팩을 발목에 대는 사람이 있다. 인대가 늘어났을 때나 뼈를 접질렀을 때는 뼈를 제자리에만 갖다 놓으면 문제가 해결된다.

창조적인 사람은 상황 속에서 문제를 발견하고 이를 해결하기 위해 머리를 쓴다. 반면 창조적이지 않은 사람은 문제가 뭔지도 모를 뿐더러 알면 피하기 바쁘다. 그저 깁스하고 꼼짝하지 않거나 무조건 약 먹고 수술하는 것이 답은 아니란 말이다.

하나님의 창조의 원리에 의하면, 인체의 틀어진 부분은 제자리를 찾아야 치유된다. 그런데 제자리를 찾기 위해서는 고통이 따른다. 아프거나 말거나 계속 움직이면 대뇌는 뼈가 제자리를 찾도록 돕는다.

척추의 이상으로 생기는 질병

평소 소화가 안 되거나 체했을 때 등을 두드려 주는 자리가 있다. 흉추 7번 자리다. 흉추 7번이 틀어지면 허리가 굽는다. 뇌는 흉추 7번이 틀어진 걸 감지하고 배에 살을 붙게 해 몸의 균형을 유지시킨다. 따라서 복부 비만이 된다.

비만의 원인이 모두 과식은 아니다. 신체의 균형이 깨졌기 때문에 부분적으로 살이 찌는 사람이 많다. 복부 비만은 위장병이 원인일 수 있다. 복부 미만인 사람 중에는 오랫동안 앉아서 일하는 사람이 많다. 앉아 있는 자세가 바르면 복부에 살이 붙지 않는다. 창조론으로 보면, 복부 비만은 몸의 균형이 깨져서 제 기능을 할 수 없을 때 나타나는 증상이다. 생각해 보면 조금 먹는데도 살이 찌는 사람이 있는가 하면, 아무리 먹어도 살이 안 찌는 사람도 있지 않은가.

"난 살이 찌는 체질인가 봐.", "난 살이 안 찌는 체질이야."라고 말하기 전에, 내 몸의 균형이 깨진 건 아닌지 살펴봐야 한다.

내 몸을 다스리는 것은 머리다. 신앙도 마찬가지다. 머리 되신 하나님이 내 몸을 다스리시는 것이 창조의 원리다.

> "오직 사랑 안에서 참된 것을 하여 범사에 그에게까지 자랄지라 그는 머리니 곧 그리스도라 그에게서 온 몸이 각 마디를 통하여 도움을 받음으로 연결되고 결합되어 각 지체의 분량대로 역사하여 그 몸을 자라게 하며 사랑 안에서 스스로 세우느니라" 에베소서 4:15-16

세 번째 운동은 7번 흉추에 목침을 대고 눕는 것이다. 이 운동은 한 번에 3분을 넘으면 안 된다. 허리 근육이 굳어 더 아프기 때문이다. 하루에 대여섯 번 하다 보면, 소화 기능이 개선되고 복부 비만의 주범인 뱃살도 사라진다. 그런데 한 달은 꾸준히 해야 대뇌가 변화를 입력한다. 효과는 그때부터 나타난다.

흉추 5번이 틀어지면 전신 비만이 온다. 5번, 7번 흉추가 틀어지면 살이 찌기도 하고 빠지기도 한다. 3번과 4번이 틀어지면 고혈압과 저혈압이 생긴다. 2번과 3번은 목 아래쪽인데 만져서 살이 투실투실 잡히면 고혈압, 저혈압이 있는 것이다. 가죽밖에 없어야 정상이다. 간혹 살이 잡히는데도 불구하고 혈압은 정상이라고 우기는 사람이 있다. 몸은 거짓말을 하지 않는다. 혈압도 구르기 운동을 하면 정상으로 돌아온다.

당뇨는 흉추 11번과 관련 있다. 공복당이 480까지 올라간 사람이 이 운동으로 110까지 떨어진 경우도 있다.

　신기하게도 뼈가 틀어진 부위는 공통적으로 살이 붙고 피부가 차다. 몸이 뚱뚱한 사람은 몸이 틀어지고 살이 쪄서 차갑다. 열이 머리에 있다. 그래서 몸이 크면 클수록 머리가 뜨겁다.

　물론 주관적인 통계에 의한 공식이지만, 오랜 교정 사역을 통해 얻은 결과다. 덧붙여서 말하자면, 배에 살이 없는 사람은 피부를 만져보면 따뜻하다.

다시 걷게 된 성현이

2006년 2월, 우리 부부는 세상 무엇과도 바꿀 수 없는 귀한 딸을 얻었습니다. 사랑의 결실이었고 집안의 복덩이였죠. 2007년 2월, 돌잔치를 며칠 앞둔 어느 날 성현이가 첫걸음을 뗐습니다. 마침 그날 온 가족이 우리 집에 모여 식사를 함께했습니다. 그런데 기쁨도 잠시, 성현이가 걷는 모습을 본 올케언니가 "애가 질뚝거리며 걷는 것 같아."라고 말했습니다. "아직 걸음이 서툴러서 그렇겠죠."라고 말하면서도 올케언니의 말을 그냥 흘려들을 수만은 없었습니다. 유심히 보니 그런 것 같기도 했으니까요.

며칠 뒤 정형외과에 가서 진료를 받았습니다. 그런데 엑스레이 결과를 본 의사는 "선천성 고관절 탈구"라고 말했습니다. 듣도 보도 못한 질환이었습니다. 제 마음은 무너지는 것 같았습니다. 그때부터 인터넷으로 검색하고 수소문해서 소아정형외과 분야에서 최고인 의사 선생님을 찾아 서울로 갔습니다.

　성현이는 입원 첫날부터 울고 또 울었습니다. 저 역시 성현이가 울 때마다 자꾸 눈물이 나서 견딜 수 없었습니다. 성현이가 불쌍해서 울고, 내가 잘못해서 아이가 아픈 것은 아닌가 하는 죄책감이 들었습니다.

　급기야 2007년 3월에 수술을 받았습니다. 깁스를 한 채 집에 와 지내다가, 한 달에 한 번씩 서울 병원에 가서 엑스레이를 찍어 뼈가 제자리에 있는지 확인했습니다. 그러다가 깁스를 푼 뒤로는 3개월에 한 번, 6개월에 한 번 검사를 했습니다. 그런데 이듬해인 2008년 11월 청천벽력 같은 소식을 들었습니다. 검사 결과 재수술해야 한다는 것이었습니다.

　"안 하면 안 되나요?" 하고 의사 선생님께 물어 보았지만 "안 하면 아이가 많이 아파할 것입니다."라는 답이 돌아왔습니다. 그래서 2009년 1월 겨울 방학 때 수술하기로 정하고 돌아왔습니다.

　그 무렵, 저희 가족과 성현이를 위해 늘 기도해 주시던 집사님의 전도를 받아 기쁨의교회에 다니기 시작했습니다. 재수술을 예약하고 온 날, 집사님께 전화해서 수술 날짜를 잡았다고 말하며 울먹거렸지요. 그러자 집사님이 말했습니다.

"성현이 엄마, 우리 생명 걸고 새벽 기도 하자. 하나님께 맡기자. 그리고 수술한 사람은 교정 치료를 잘 안 하시지만, 내가 담임 목사님께 말씀 드려 볼게."

주일 예배 후 담임 목사님께서 성현이를 눕혀 다리 길이를 재어 보셨는데 똑같지 않았습니다. 그런데 교정을 하고 난 다음에 다시 다리 길이를 맞춰 보니 똑같았습니다.

목사님께서 "원래 관절이란 것이 빠졌다 들어갔다 하는 건데, 빠졌을 때 엑스레이를 찍으니 그렇지. 괜찮아. 수술 안 해도 운동하면 돼."라고 하셨습니다. 수술 안 해도 된다는 말에 안심했고, 주일마다 목사님을 귀찮게 했습니다. 목사님께서는 "잊어버릴 지도 모르니 볼 때마다 교정해 달라고 이야기하세요."라고 말씀하셨습니다. 너무 감사한 일이었습니다.

수술해야 하나 말아야 하나 걱정할 때마다 붙들었던 말씀이 있습니다.

"아무것도 염려하지 말고 다만 모든 일에 기도와 간구로 너희 구할 것을 감사함으로 하나님께 아뢰라 그리하면 모든 지각에 뛰어난 하나님의 평강이 그리스도 예수 안에서 너희 마음과 생각을 지키시리라" 빌립보서 4:6-7

7년이 흐른 지금, 성현이는 하나님의 은혜와 사랑으로 잘 자랐습니다. 목사님의 교정 치료를 통해 또래 아이들보다 키도 크고 건강합니다. 하나님께 기쁨을 드리는 딸이 되게 해달라는 기도대로 피아노 반주로, 플루트로 기쁨의교회를 섬길 것입니다.

기쁨의교회
표미희 집사

Part 3

나는 하나님의 도구다

내가 땅 끝에서부터 너를 붙들며 땅 모퉁이에서부터 너를 부르고 네게 이르기를
너는 나의 종이라 내가 너를 택하고 싫어하여 버리지 아니하였다 하였노라
이사야 41:9

하나님과의 첫 만남

나의 고향은 충청북도 중원군이다. 이곳은 교회가 없는 아주 작은 마을이다. 나는 어려서 어머니와 함께 늘 절에서 지낸 것을 기억한다. 절에서 민간요법을 보며 자랐다. 귀신 쫓는 것, 병 고치는 것, 침 놓는 것, 부항 등 참 많은 것을 경험했다. 또 직접 따라해 보기도 했다. 초등학교를 졸업할 때까지 교회 문턱도 넘지 못했다. 남들이 한 번씩은 가본 여름성경학교나 성탄절도 모르고 자랐다.

소작농이던 아버지는 자식들을 위해 경기도 여주군 점동면 청안리로 이사했는데, 그곳에 교회가 있었다. 가난 때문에 중학교를 1년 늦게 들어간 나는 반에서 키가 제일 컸다. 중학교 1학년 가을이었다. 반에서 '애기'라고 불릴 만큼 키가 작고 조용한 친구와 친해졌다. 은규라는 이름의 친구는 기독교 집안에서 자랐다. 절에서 자란 나와 공통점이라고는 하나도 없었다.

그해 가을 은규가 사과를 사주겠다며 나를 과수원으로 데려갔다. 난생 처음 사과를 맛있게 먹었는데 그때 은규가 "너 사과 먹었으니, 내일 교회 와야 해!"라고 했다. 총동원 전도 주일을 앞두고, 은규가 내 이름을 태신자로 써낸 뒤 기도했다는 것이 아닌가.

"누구 마음대로 내 이름을 교회에 써 내! 내 이름은 절에 있어서 안 돼!"
"그럼 사과 뱉어 내."

이 한마디에 결국 교회에 끌려가다시피 했는데, 교회에 탁구대가 있었다. 운동을 너무 좋아하는 탓에, 탁구를 치는 재미로 교회에 나가기 시작했다.

그해 겨울, 무심코 부흥회에 참석했다. 당시에 부흥회는 월요일에 시작해 토요일 새벽에 마쳤다. 그런데 얼마나 재미있는지 부흥회를 하면 믿지 않는 사람들도 '고춘자·장소팔 만담'을 보러 가듯 몰려들었다. 게다가 매일 집회가 끝나면 개떡을 하나씩 줬는데 그걸 먹는 재미도 쏠쏠했다.

금요일 저녁 목사님이 쉰 목소리로 "이 시대는 주의 종이 부족합니다. 주의 종이 될 사람은 이 자리에서 손을 들어 서원하십시오."라고 하는 것이 아닌가. 아무도 손을 들지 않았다. 두 번째로 목사님이 더 간절히 묻자, 목사님이 불쌍해서 슬그머니 손을 들어 주었다.

"내가 땅 끝에서부터 너를 붙들며 땅 모퉁이에서부터 너를 부르고 네게 이르기를 너는 나의 종이라 내가 너를 택하고 싫어하여 버리지 아니하였다 하였노라" 이사야 41:9

"너는 여호와 네 하나님의 성민이라 네 하나님 여호와께서 지상 만민 중에서 너를 자기 기업의 백성으로 택하셨나니" 신명기 7:6

이스라엘, 즉 야곱을 택하고 부르신 것처럼 하나님께서는 나를 자녀로 불러 주시고 예수 그리스도의 보혈로 구원해 주셨다.

당시만 해도 부흥회에서 신유 은사가 많이 나타났다. 목사님이 기도로 귀신들린 자에게서 귀신을 쫓아내고 병든 자를 치료하는 모습을 보고 나도 이런 은사를 달라고 간절히 기도했다.

중학교를 졸업하고 부산에 있는 국립부산기계공업학교에 진학했다. 어려운 집안 형편에 조금이라도 도움이 되고 싶어 충청도에서 부산으로 유학을 간 셈이다. 그때 부산에서 영적인 거장인 박재봉 목사님께서 시무하시는 교회에 다니면서 엄청난 신유의 역사를 목격했다.

　가족과 떨어져 홀로 타향살이를 하다 보니 늘 고향이 그리웠다. 마음 붙일 곳 하나 없는 외로움 속에서 신앙은 나를 지탱해준 버팀목이자, 어두운 내 삶을 밝혀 준 등불이었다. 신앙을 통해 나는 위로를 얻고 행복을 누렸다.

　세월이 지나 군에 입대했다가 불의의 사고를 당했다. 눈을 떠 보니 내 몸은 만신창이가 된 채 병원에 누워 있었다. 손가락 하나도 마음대로 움직일 수 없었다. 고향에는 '지뢰를 밟았다'는 소문이 날 정도였다. 회복을 장담할 수 없던 그때, 나는 어두운 병실에서 눈물로 기도했다.

"죄인 된 나를 하나님의 자녀로 부르신 주님, 의사들은 내 몸을 고칠 수 없다고 합니다. 하지만 저는 믿습니다. 하나님께서 저를 고쳐 주시고 다시 걷게 하실 것을…."

　기도하다가 까까머리 중학생 때 했던 서원이 떠올랐다. 복음을 전하는 주의 종이 되겠다고, 목사가 되겠다고 결심했던 일이 선명하게 떠오른 것이다. 하나님은 장난 삼아한 것일지라도 기억하고 그 결단을 지키도록 이끄신다.

"사람이 여호와께 서원하였거나 결심하고 서약하였으면 깨뜨리지 말고 그가 입으로 말한 대로 다 이행할 것이니라" 민수기 30:2

사도 바울이 다메섹 도상에서 하나님을 만난 것처럼, 약하고 약한 내가 어두운 병실에 누워 있을 때 하나님은 나를 찾으셨다. 그리고 내 아픈 몸을 어루만져 고치시고 신실한 하나님의 종으로 불러주셨다.

죽음밖에는 길이 없더라도 기도하면 하나님이 고치신다. 나는 6개월간의 병원 생활 끝에 내 자리로 돌아갔다.

치유 사역의 시작

제대 후, 하나님과 약속한 걸 지키기 위해 신학대학에 입학했다. 그리고 1988년 9월, 창원에서 개척했다. 개척한 지 얼마 되지 않았을 때 어머니가 위암에 걸렸다는 걸 알았다. 어머니를 포천의 기도원으로 모셨다. 내가 고침 받았듯이 하나님께서 어머니의 위암도 깨끗이 고쳐주시리라 믿었고, 그 믿음은 현실이 되었다.

어머니는 포천 기도원에서 5개월간 기도하며 위암이 깨끗하게 치유되는 역사를 경험했다. 그리고 24년을 더 사시다가 2013년 호적 나이 94세에 하나님 나라로 떠나셨다.

나와 어머니를 치료하신 하나님의 역사를 경험하며, 하나님이 인간을 창조하셨다는 것을 실감했다. 진화론자들의 주장처럼, 원숭이가 진화해 인간이 되었다면 끝없이 과거 속에서 해답을 찾아야 했을 것이다. 진화론에는 창조의 힘이 없다. 창조자이신 하나님이 역사하실 여지가 없다. 성경은 이렇게 시작한다.

"태초에 하나님이 천지를 창조하시니라" 창세기 1:1

창조주 하나님께서 성경의 맨 앞에 명백히 밝혀 두었지만, 아직도 인간은 갈팡질팡하면서 마귀의 악한 계략에 넘어가고 있다. 성도는 예수 그리스도가 진리임을 믿어야 한다.

한 번은 미국에 집회를 가서 "여기, 원숭이가 인간이 되었다고 믿는 사람 손들어 보세요." 하니 세 명이나 손을 들었다. 교회를 다니면서도, 예수 그리스도를 구주로 영접했다고 하면서도 진리를 모르는 사람이 많다. 진리이신 하나님을 알 때, 죄인인 우리는 자유를 얻는다.

"진리를 알지니 진리가 너희를 자유롭게 하리라" 요한복음 8:32

6개월간 투병 생활을 하면서 나는 수많은 의학서를 찾아 읽었다. 그런데 어느 책이든 진화론에 입각해 쓰여 있었다. 목사로서 성경을 읽고 말씀을 이해하면서 창조론이야말로 인체의 질병을 이해하는 데 있어 가장 좋은 토대임을 깨달았다. 영적인 하나님의 말씀을 근거로 인간의 몸을 보자 그 속에 창조의 원리가 보였다.

"하나님이 자기 형상 곧 하나님의 형상대로 사람을 창조하시되 남자와 여자를 창조하시고" 창세기 1:27

인간의 질병은 하나님이 부여하신 거룩성을 상실했기 때문에 생긴다. 거룩성을 회복하면 어떤 병도 스스로 치유된다. 그것이 바로 하나님의 창조 역사인 것이다. 다시 말해, 하나님의 형상대로 창조된 인간은 자연 치유 능력을 지녔다.

그런데 오늘날 우리의 모습은 어떤가? 조금이라도 아프면 무조건 병원으로 달려간다. 약을 먹고, 독한 주사를 맞고, 수술한다. 남은 약은 저장해 둔다. '몸살 났을 때 먹는 약', '목 아플 때 먹는 약', '배 아플 때 먹는 약'이라고 써놓고 야금야금 꺼내 먹는다.

인간은 어떤 병도 싸워 이길 수 있다. 몸만 바로 세워 주면 육체의 병은 스스로 이길 수 있다. 말씀 위에 영적으로 바로 서면 좌절과 역경도 능히 극복할 수 있다. 이것이 참된 믿음이다. 인간은 누구든 고통을 겪으며 성숙한다. 고통과 고난의 십자가 뒤에 부활이 기다리고 있다.

인체도 아픈 부위에 고통을 줘야만 통증이 사라진다. 일어날 수 없을 때 일어나야 한다. 병원에서 장기를 수술하면 다음날부터 걸어 다니게 한다. "너무 아파서 못 걸어요."라고 해도 "무조건 많이 움직여야 장기가 제자리를 잡습니다."라고 얘기한다. 제자리를 잡는 것이 거룩성을 회복하는 것이다. 아프다고 꽁꽁 싸매고 누워만 있으면 안 된다는 것이다. 허리 아프다고 보호대를 착용하고 휠체어를 타고 다니면, 발목 인대가 늘어졌다고 깁스한 채 소파와 한 몸이 되어 텔레비전만 보고 있으면 회복은 더딜 수밖에 없다. 부지런한 사람은 아파도 움직인다. 무릎을 질질 끌면서 동네 공원을 산책하고, 시장에 가고, 새벽 예배도 빠지지 않고 참석한다. 부지런한 사람이 회복도 빠르다. 아파도 움직이면 아픔과 고통 속에서 뼈는 제자리를 찾기 때문이다.

개척 후 교인들이 하나둘 늘면서 제자 훈련을 시작했다. 교회에서 창조의 원리를 가지고 성도들을 훈련한 것이다. 그러면서 우리 교회 성도들은 몸만 바로 세워도 질병이 없어지는 걸 경험했다. 수술하지 않으면 안 된다던 성도의 허리가 낫고 기적이 일어나기 시작했다. 하나님이 인도하신 것이다.

첫 집회를 한 곳은 경남 양산에 있는 감림산 기도원이다. 나는 매주 기도원에 가서 말씀을 보고 기도했다. 그런데 어느 날 금요일에 기도하러 갔는데 이옥란 원장님이 무릎이 아파 계단을 올라가지 못했다. 알고 보니 무릎에 찬 물을 일곱 번이나 뺐고, 무릎 연골이 다 닳아 없는 상태였다. 수술 외에는 방법이 없다고 했단다.

"원장님, 제가 고쳐 드릴까요?"
"아이고, 됐어요! 의사 선생님이 연골이 다 닳아서 없대요."

그 자리에서 바로 교정해 주었더니 불과 몇 분 만에 고통이 사라졌고, 곧바로 계단도 올라갔다. 그 인연으로 나는 감람산 기도원에서 치유 집회를 시작했다.

그러곤 얼마 뒤 장학봉 목사님을 만나기 위해 부산 금정산에 있는 가나안 수양관에 갔다. 거기에서 원장님의 소개로 나겸일 목사님을 만났고 인천 주안장로교회에서 집회를 인도했다. 교회로서는 첫 집회였는데 무려 7천 명이 모였다. 나중에 안 사실이지만 주안장로교회에는 의사가 600명이나 된다고 한다. 그때 나겸일 목사님이 이런 말씀을 하셨다.

"노 목사, 신학적으로 아무런 문제가 없습니다. 마지막 때에 선교의 도구로 크게 쓰임 받을 것 같아요."

그러면서 내 집회에 '몸 사랑, 하나님 사랑'이란 이름을 지어주었다. 그 뒤 집회 영상이 인터넷으로 공유되어 수많은 사람이 보게 되었다. 하나님의 창조 원리에 근거한 치유 사역이 더욱 빛을 보게 된 것은, 고양시 화정에 있는 성광교회 유관재 목사님과의 만남 덕분이다.

모임 자리에서 유 목사님을 만났는데 안색이 무척 안 좋았다. 몸의 자세가 틀어져 있는 데다 과로로 인해 온갖 질병이 겹쳐 있었다. 몸을 교정해 주고 몇 가지 운동을 가르쳐 주었는데, 2주쯤 후에 연락이 왔다. 몸 상태가 무척 좋아졌다는 것이다. 유관재 목사님이 많은 목사님에게 내 교정 사역을 소개했고 분당 지구촌교회에서도 집회를 했다. 당시 이동원 원로 목사님도 오십견(회전근 파열)으로 고통받고 있었는데 교정 치료를 통해 회복되었다.

수원중앙침례교회의 고명진 목사님은 발목이 붓는 고통을 겪고 있었다. 내가 소개한 네 가지 운동을 열심히 한 결과 치료됐다. 그 뒤 오륜교회, 부산에 있는 호산나교회와 영안교회, 만나교회, 인천주안교회, 숭의교회 등 수많은 교회에서 집회가 이어졌고 제자 훈련을 통해 스스로 치유하는 성도가 많이 생겨났다.

나는 치유의 도구가 되고 싶다

교정 사역을 하다 보면 허리 디스크로 수술을 앞둔 사람, 무릎 연골 수술을 앞둔 사람이 수술하지 않고 회복되는 사례가 무수히 많다. 나는 한 사람 한 사람이 회복되는 걸 보면 무척 행복하다. 그래서 삼십 년 넘게 공부한 것들을 집회 때마다 다 털어놓는다.

몸의 회복만큼 중요한 것은 영적 회복이다. 하나님이 질병을 주심으로 그들을 자녀로 부르신다. 육체의 치유는 결국 영적 치유를 향해 가는 하나의 길인 셈이다. 주님은 우리에게 바른 자세, 바른 마음, 바른 섭생을 하면 어떤 병도 치유할 수 있는 능력을 주셨다.

내 머리에서 질병을 하나하나 치유한다. 창조론에 입각하면 인간은 몸이 치유되면 영적 치유도 일어난다. 하나님께서 아픈 나를 치유하시고 주의 종으로 삼으신 이유가 바로 여기에 있다. 내가 몸이 치유되고 영적으로 거듭났듯이, 하나님을 떠난 수많은 자녀가 몸을 치유받고 영적으로 거듭나기를 원하신다.

치유의 과정은 고통이다. 왜냐하면 거룩함을 상실했기 때문이다. 우리가 주님의 자녀로서 거룩함을 상실했을 때, 하나님은 고통을 주신다. 통회하는 마음으로 하나님 앞에 가야 하니 고통스러울 수밖에 없다. 마찬가지로 육체가 있을 곳에 있지 않고 틀어지고 빠지고 굽었을 때 고통 없이는 치유될 수 없다. 안 쓰던 근육을 쓰고 틀어졌던 뼈가 제자리로 가는데 어떻게 고통이 없겠는가. 이것이 바로 하나님의 창조 원리다. 우리의 머리 되신 그리스도가 친히 고통당한 우리의 몸과 마음을 치유하신다.

한번은 영은교회 금요 집회에 가서 파킨슨병 환자인 권사님을 교정해 주었다. 내가 교정 치료를 해주면서 "권사님, 제게 교정 받으시고 운동 열심히 하면 파킨슨병도 치료될 수 있습니다." 하니, 정형외과 의사인 권사님의 동생이 "목사님, 파킨슨병은 불치병인데요. 현대 의학으로도 고칠 수 없어요."라고 말했다. 권사님은 내 말을 믿음으로 받아들였고 두 달간 운동한 뒤 완치 판정을 받았다.

또 서울 송파구에 있는 브니엘감리교회에서 집회했을 때의 일이다. 마지막 시간에 권정은이라는 한 여학생이 다가왔다. 해금을 연주하는 학생이었다. 학생은 전국 대회에서 대상을 타고 서울대학교 입학이 거의 확정적이라고 했다. 그런데 갑자기 문제가 생겼다. 손가락에 힘이 안 들어가는 것이다. 학생은 '터널증후군'이었다. 많은 돈과 시간을 들여서 치료했지만 전혀 호전이 없었다. 그래서 연주자에서 작곡으로 진로를 변경한 상태였다. 그러나 연주자에 대한 꿈을 버리지 못하고 괴로워하다가 결국 집회 마지막 날 내게 온 것이었다. 학생의 안타까운 이야기를 듣고 상태를 보니 팔꿈치에 있는 요골과 척골이 틀어져 있었다. 다시 바르게 교정을 해주니 팔이 회복되었다. 모두 놀라지 않을 수 없었다. 얼마 뒤에 유병용 담임 목사에게 권정은 학생이 서울대학교에 합격했다는 소식을 듣고 큰 감동을 받았다.

올 봄에는 프랑스 파리한인침례교회(이상구 목사)에 집회를 하러 갔다. 첫째 날 집회 중에 "혹시 여기에 아픈 사람 있나요?" 하고 질문하니 덩치가 큰 남자가 손을 번쩍 들었다. 어디가 아픈지 묻자 그는 자신의 이야기를 꺼냈다.

"저는 이진우라는 화가입니다. 한국에서 교수로 일하다가 프랑스로 건너와 독특한 미술 기법을 만들어 활동하고 있습니다. 제 작업은 문창호지에 검은 숯가루를 발라놓고 문창호지를 그 위에 덧붙이면서 검정색을 없애며 탄생됩니다. 와이어 브러시로 두들겨 가면서 작품을 만들기 때문에 노력과 힘이 정말 많이 들어갑니다. 그런데 어느 날부터 손에 힘이 빠지고 통증이 심해 왼손을 수술했습니다. 헌데 이제는 오른손마저 너무 아파서 더 이상 작업을 할 수가 없게 되었습니다."

그는 젊은 시절 무명 화가로 살며 숱한 고생을 한 끝에 이제야 비로소 작품을 인정받게 되었다. 작품을 만들어 놓으면 순식간에 다 팔릴 정도다. 그런데 그는 의사에게 작품 활동을 하지 말라는 통보를 받았다. 화가로서 사형 선고나 다름없었다. 온 교회 성도가 안타까워했다.

그를 나오게 하여 자세히 살펴보니 요골과 척골이 틀어져 신경이 눌린 상황이었다. 그의 손을 만져서 바로 교정하고 근육을 풀어 주었더니 양손에 다시 힘이 생겼다. 이제 그는 다시 작품 활동을 할 수 있게 되었다.

이진우 집사를 만나려고 내가 프랑스에서 집회하도록 하나님이 인도하신 것 같았다. 그는 지금까지 자신의 작품을 선물한 적이 한 번도 없다고 한다. 그런데 내게는 두 점의 작품을 주었다. 그리고 얼마 전에는 휴대 전화로 안부를 물어 왔다. 감사하다고, 열심히 작품 활동하고 있다고 말이다. 그 글을 보니 얼마나 하나님께 감사한지! 정말 이 사역은 모두 하나님이 하신 것이라는 고백이 흘러나왔다.

얼마 전에는 대전 산성감리교회 강석태 집사와 통화했다. 그는 허리 디스크를 치유한 뒤 교정 사역을 하고 있다. 그가 떨리는 목소리로 말했다.

"목사님, 치유 사역의 도구로 사용되어서 정말 기뻐요."

참 기쁨이란 이런 것이다. 내가 하나님 나라를 위한 도구로 쓰일 때 느끼는 기쁨은 세상이 주는 그 어느 것과도 비할 수 없을 만큼 크다. 강 집사는 "교정 사역을 통해 아픈 사람이 회복되는 것을 보면서 사람이 하는 것이 아니라, 하나님이 하시는 일임을 실감할 수 있었습니다. 그래서 저는 교정 사역과 전도에 목숨을 걸었습니다."라고 고백했다. 나는 그가 기쁘게 성도를 치료하고 전도하는 모습을 보면 행복하다.

나도 그도 사도 바울처럼 몸에 가시가 있었다. 나는 군에서 사고로 얻은 질병으로 6개월간 병원에 있었고, 치료받은 뒤에도 꾸준히 내 몸을 관리해야 했다. 꼬리뼈가 아홉 번이나 까질 정도로 열심히 운동해서 건강을 되찾았다. 강석태 집사도 허리 디스크 때문에 늘 몸과 마음이 편안하지 않았다. 그런데 교정 치료를 받고 꾸준히 운동하면서 치유받았고 '이것이야 말로 내가 해야 할 일이다.'라고 생각해 교정 사역에 나섰다.

기쁨의교회는 매주 주일 오후 3시에 교정 사역을 한다. 멀리서부터 교정 치료를 받기 위해 찾아오는 성도가 많다. 또한 교정 컨퍼런스를 통해 교정 사역자를 배출하고 있다. 교인들을 교육해 귀한 선교의 도구로 사용되게 하는 것이다.

지금은 대전 제자들교회, 산성감리교회, 성광교회, 만나감리교회, 홍성성결교회, 춘천제일감리교회, 삼척 큰빛교회 등 많은 교회가 성도들을 훈련시켜 교정 사역을 통해 전도하는 데에 힘쓰고 있다. 앞으로 더 많은 교회에서 교정 사역이 귀한 도구로 사용되길 소망한다.

기쁜 소식이 온 땅에 전해지기를

　어느 날 자고 일어나는데 허리가 끊어질 듯 아파 일어날 수가 없었습니다. 벽을 잡고 간신히 일어나 병원에 갔더니 허리 디스크가 심해서 바로 수술하라는 진단이 내려졌습니다. 당장 수술하지 않으면 허리뼈가 무너져서 다시는 걷지 못할 거라는 의사의 말을 듣고 어찌할 바를 몰라서 노완우 목사님께 전화를 드렸습니다.
　목사님은 당장 병원에서 나오라고 단호하게 말씀하셨습니다. '목사님은 내가 이렇게 많이 아픈 줄은 모르실 거야' 하는 생각이 들었지만 순종밖엔 도리가 없어 겨우 겨우 목사님을 찾아갔습니다. 목사님은 나를 보자마자 다짜고짜 누우라고 하셨습니다. 낑낑대며 겨우 바닥에 눕자 목사님은 기진맥진한 나를 발로 툭툭 차셨습니다.
　'아이고 큰일 났구나' 싶어서 눈물이 다 났습니다. 하지만 자신 있게 명령(?) 하시는 목사님 앞에서 남편조차 아무 말도 하지 못하고 지켜만 보았습니다. 가만히만 있어도 아픈데 앞으로 눕고, 뒤로 눕고, 옆으로 세워 눕고를 반복하며 두드리시는데 죽는구나 싶을 만큼 힘들고 고통스러웠습니다. 조금 뒤 목사님이 "일어나 봐!" 하시는데 그 목소리가 하나님 말씀처럼 반가웠습니다. 두려운 맘으로 조심히 일어서는데 그렇게 아팠던 허리가 정말 가벼워진 느낌이 들었습니다. 양말을 신을 수 없을 정도로 무겁던 무릎이 가슴까지 올라가는 것이 신기했습니다. 무엇보다 수술하지 않고도 이렇게 금세 허리를 펴고 걸을 수 있다는 것이 설명할 수 없을 정도로 기뻤습니다. 아마 뛸 듯이 기쁘다는 것이 딱 맞는 표현일 것입니다.

지금은 교회 주방 일을 담당하면서 무거운 장바구니를 자주 들다 보니 선천적으로 약한 허리가 또 틀어지고 아플 때도 있습니다. 하지만 이젠 목사님이 가르쳐 주신 운동을 하면서 스스로 회복하곤 합니다. 남편 또한 늘 허리가 아파서 마사지를 받으러 다녀오면 이틀을 못 가 다시 아프기 일쑤였습니다. 그래서 남편도 목사님께 치유받고 회복하더니, 그 다음부터는 목사님 집회 때마다 열심히 따라다니며 다른 사람들을 교정해 주는 사역으로 섬기고 있습니다.

이천 년 전에 예수님께서 많은 사람의 영혼과 육신을 고치신 것처럼 우리 목사님의 치유 사역은 이 세대에 꼭 필요한 하나님의 역사인 것 같습니다. 이 기쁜 소식이 질병의 고통 속에서 사는 이들에게 회복의 길이 되길 소망합니다.

기쁨의교회
정희옥 권사

PART 4

신앙인의
건강 관리법

우리가 이 보배를 질그릇에 가졌으니
이는 심히 큰 능력은 하나님께 있고
우리에게 있지 아니함을 알게 하려 함이라
고린도후서 4:7

얼굴을 찡그리면 병이 온다

　얼굴과 오장은 연결되어 있어 찡그리면 병이 온다. 즉 얼굴은 오장의 축소판이다. 웃는 얼굴과 화내는 얼굴은 엄연히 다르다. 보통 화낼 때 "야, 너!" 하면서 삿대질을 한다. 경락을 공부하면, 삿대질을 할 때 사용하는 두 번째 손가락에는 우리 장기 중에서 대장과 연결된 경락이 있다는 것을 알 수 있다. "야, 너!"라고 소리칠 때 두 번째 손가락에서 시작된 충격은 경추를 거쳐 폐를 순환해서, 다시 대장으로 내려간다. 대장경은 코와도 연관된다. 그래서 코를 찡그리게 되는 것이다. 이렇게 화가 치밀 때는 두 번째 손가락을 잘 주물러 주면 화가 가라앉는다.

　주변에 자꾸 코를 만지는 사람이 꼭 있다. "아이고, 코 좀 만지지 말고 말해!"라고 잔소리를 듣기도 하는데, 그런 사람일수록 성격은 좋다. 자꾸 코를 만지면 대장경을 통해 자극이 전달되어 화가 가라앉기 때문이다. 인체는 참 놀랍다. 대장경은 대장으로 내려가는 경락인데 화를 내면 대장이 제 기능을 못한다.

얼굴이 웃으면 오장도 웃고, 화내면 오장도 찡그린다. 화가 났을 때 배가 고픈 사람은 별로 없다. 남을 흉보거나 화가 나 있을 때는 배가 고프지 않다. 반면에 보기만 해도 기분 좋은 사람을 만나면 신기하게 배가 고프거나 목이 마르다. 그래서 방금 식사를 하고서도 또 차 한 잔 하고 싶어진다. 그래서 화를 내는 건 내 몸을 망가뜨리는 자살 행위나 다름없다.

"분을 내어도 죄를 짓지 말며 해가 지도록 분을 품지 말고 마귀에게 틈을 주지 말라" 에베소서 4장 26-27

성경은 분을 품지 말라고 말한다. 마귀가 틈타지 못하게 하라고 경고한다. 그런데 지금 우리의 모습은 어떤가. 불안에 떨며, 작은 일에 분노하고, 사람을 죽이는 일까지 서슴지 않는다. 얼마 전 안타까운 뉴스를 접했다. 층간 소음으로 갈등을 빚던 사람이 주민들이 모이는 반상회 자리에서 살인을 저질렀다는 끔찍한 뉴스였다. 그 소식을 접하고 에베소서의 말씀이 더욱 귀한 울림으로 다가왔다.

억지로라도 웃으면 뇌는 진짜 웃는 줄 안다. 우리 얼굴에는 웃을 때만 사용하는 근육이 있다. 뇌가 그 근육의 움직임을 감지하면, 즐거운 일로 받아들이고 실제 기분까지 좋아지게 한다. 인간은 생각을 통해 우리 몸을 지배할 수 있다. 따라서 생각의 그릇을 자꾸 키워야 한다. 그런데 생각의 그릇을 키우려면 신앙이 자라야 한다. 신앙이 자라면서 생각도 자라고 마음도 자라기 때문이다. 그래서 생각의 그릇에 온유와 겸손을 담기 바란다. 온유와 겸손의 그릇은 날로 커져야 한다.

"오직 성령의 열매는 사랑과 희락과 화평과 오래 참음과 자비와 양선과 충성과 온유와 절제니 이같은 것을 금지할 법이 없느니라"
갈라디아서 5:22-23

실패를 반복하면서 커지는 그릇

온유와 겸손을 담는 생각의 그릇은 키울수록 더 커진다. 학창 시절 공부하던 때를 떠올려 보자. 수학 시간에 '무한대', '엑스 와이', '함수' 등 무지 어려운 것들을 배웠다. 생각을 키우는 훈련인 셈이다. 그리스도의 은혜와 능력의 역사가 나타나려면 성도의 생각이 커져야 한다. 생각의 그릇이 작고 부정적이면 그 무엇도 담을 수 없다. 늘 삐치기 때문이다. 온유하고 겸손한 그릇은 맘에 들거나 안 들거나 관계없이 모든 사람을 담을 수 있다는 것이다.

"온유한 자는 복이 있나니 저희가 땅을 기업으로 받을 것임이요"
마태복음 5:5

생각의 용량은 실패를 반복하면서 커진다. 부족함과 연약함을 아는 사람만이 크게 될 수 있다. 그런데 실패를 두려워하는 사람은 크지 못한다. 생각해 보라. 염려와 걱정도 할만하니까 하는 것이다.

나는 집회 때 빚을 예로 들곤 한다. 나라 경제가 어렵다는 뉴스가 끊이지 않고 가계 빚이 산더미 같이 늘었다고 걱정한다. 사업하다가 1억, 2억 빚지면 머릿속에서 어떻게 해서든 갚아야 한다는 생각이 떠나지 않는다. 큰 무게로 가슴을 짓누른다. 그런데 10억을 빚지면 머릿속에 염두에 두지 않는다. 어차피 못 갚을 것이라 생각하기 때문이다. 이자만 내자고 목표를 낮게 책정한다. 원금 갚는 건 애초에 불가능하기 때문이다.

인간은 넘어지고 쓰러지면서 생각의 깊이와 넓이가 더해진다. 넘어질까 봐, 실패할까 봐 두려워 시도조차 하지 않는 사람은 그저 종지기에 머물 뿐이다. 그래서 하나님의 은사와 능력도 담길 만한 그릇에 담기는 것이다.

"우리가 이 보배를 질그릇에 가졌으니 이는 심히 큰 능력은 하나님께 있고 우리에게 있지 아니함을 알게 하려 함이라" 고린도후서 4:7

능력은 인간관계에서 만들어진다. 인간관계란 어떤 사람을 가까이 하는지를 뜻한다. '근묵자흑 근주자적'(近墨者黑 近朱者赤)이란 말이 있다. 먹을 가까이 하면 검게 물들고, 붉은 인주를 가까이 하면 붉게 된다는 뜻이다. 내가 누구를 만나느냐가 중요하다. 은혜 있는 사람을 만나느냐, 시험 든 사람을 만나느냐에 따라 결론이 난다. 은혜 있는 사람을 가까이 하는 사람에겐 아름다운 능력이 깃든다. 반면 시험 든 사람을 가까이 하면 일생동안 시험이 끊이지 않는다. 그래서 의지적으로 은혜 있는 자, 말씀 전하는 자, 좋은 곳으로 이끄는 자와 함께해야 한다.

"너희는 믿지 않는 자와 멍에를 함께 메지 말라 의와 불법이 어찌 함께하며 빛과 어둠이 어찌 사귀며" 고린도후서 6:14

아무리 세상 지식과 지혜가 많다고 해도 사람과의 관계가 더 중요하다. 사람을 잘못 만나면 인생에 어두움이 깃든다. 어떤 사람은 내가 이만한 지식이 있는데 세상이 날 몰라준다고 늘 불평한다. 그럴수록 사람을 자꾸 만나서 자신의 지경을 넓혀야 한다. 영적인 것도 마찬가지다. 성경을 아무리 공부해도 주님을 영적으로 만나지 않으면 늘 의심한다. 그러나 주님을 만나면 영적 세계가 열린다. 만남을 통해 인생을 배우게 된다.

그런데 하나님은 생각의 틀을 넓히고 훈련시키려고 미운 사람도 만나게 하신다. 주님이 부르는 그날까지 미운 사람 없이 살아갈 수는 없다. "아휴, 저 인간을 안 보고 싶어요!" 하면 나만 손해다. 그래서 "하나님, 이 사람 좀 안 만나고 싶어요. 내 인생 최대의 실수예요." 하고 울고불고 기도했는데, 헤어지고 나면 더 센 사람을 만나게 된다. 그러니 함부로 피하려 하지 않는 것이 낫다. 하나님은 은혜의 과정을 통해서, 용서와 사랑의 십자가를 넘어서야 평화와 안식을 얻게 하신다.

사랑을 배우기 위해서 때론 원수도 필요하다. 세상에 원수 없는 사람은 없다. "성령 충만하고 은혜 충만한데 어떻게 원수가 있어요?" 하고 되물을 수 있다. 그런데 하나님은 "원수까지도 사랑하라"고 말씀하시면서 우리가 원수와 함께 살 수 있는 상생의 길을 열어 주셨다.

나 역시 원수가 없다고 말하면 거짓말일 것이다. 인간이기에 어쩔 수 없다. 대신에 나는 미운 사람을 피하게 해달라고 기도하지 않는다. 극복할 수 있는 능력, 성령 충만을 구할 뿐이다. 미운사람 없이 살려면 무인도에서 혼자 살아야 한다. 그러면 자신이 원수가 된다. 자식이 아홉이면 아홉 중 하나는 원수다. 자식이 셋이면 그 중에 하나가 원수고, 자식이 하나면 그게 원수더라.

우리 어머님은 나만 보면 "저, 원수 덩어리!"라고 했는데, 우리 집안은 내가 예수님을 믿고 나서 온 집안이 다 예수님을 믿는다. 원수 덩어리가 집안의 꽃이 된 셈이다.

> "누구든지 하나님을 사랑하노라 하고 그 형제를 미워하면 이는 거짓말하는 자니 보는 바 그 형제를 사랑하지 아니하는 자는 보지 못하는 바 하나님을 사랑할 수 없느니라 우리가 이 계명을 주께 받았나니 하나님을 사랑하는 자는 또한 그 형제를 사랑할지니라" 요한일서 4:20-21

돌이켜 생각해 보면 신앙이란 참 오묘하다. 미운 사람 때문에 하나님을 만나게 되고, 그를 사랑해야 한다는 하나님 말씀을 묵상하고 순종하겠다고 다짐하면서 생각이 깊고 넓어진다. "저 원수, 저 원수!" 하면 온유와 겸손을 가질 수 없다. 원수를 미워하는 마음을 넘어설 수 있는 믿음과 능력을 달라고 기도하라.

> "뱀이 여자에게 이르되 너희가 결코 죽지 아니하리라 너희가 그것을 먹는 날에는 너희 눈이 밝아져 하나님과 같이 되어 선악을 알 줄 하나님이 아심이니라" 창세기 3:4-5

창세기 2장 말씀은 하나님 말씀이고, 창세기 3장 4-5절은 사탄의 말이다. 하나님은 선악을 알게 하는 나무의 열매를 먹으면 반드시 죽는다고 하셨다. 그런데 뱀이 하와에게 이렇게 말한다.

"선악을 알면 하나님과 같아지니 하나님이 못하게 하는 거야."

"여호와 하나님이 이르시되 보라 이 사람이 선악을 아는 일에 우리 중 하나 같이 되었으니 그가 그의 손을 들어 생명나무 열매도 따먹고 영생할까 하노라 하시고" 창세기 3:22

선악이란, 옳고 그름을 뜻한다. 우리가 세상을 살아가면서 "네가 옳다. 내가 그르다."를 따지는 싸움은 아무것도 얻을 것이 없다. 영적 싸움은 싸워야 하지만, 육적 싸움의 결과는 사망이다. 그래서 하나님은 말씀하신다.

"선악을 알게 하는 나무의 열매는 먹지 말라 네가 먹는 날에는 반드시 죽으리라 하시니라" 창세기 2:17

에베소교회는 요한계시록에 나오는 일곱 교회 중 첫 번째 교회다. 하나님은 에베소교회를 향해 이렇게 칭찬한다.

"내가 네 행위와 수고와 네 인내를 알고 또 악한 자들을 용납하지 아니한 것과 자칭 사도라 하되 아닌 자들을 시험하여 그 거짓된 것을 네가 드러낸 것과 또 네가 참고 내 이름을 위하여 견디고 게으르지 아니한 것을 아노라" 요한계시록 2:2-3

이어 하나님은 에베소교회를 책망하신다. 지극히 정상적인 것이다.

"그러나 너를 책망할 것이 있나니 너의 처음 사랑을 버렸느니라" 요한계시록 2:4

우리는 모두 다르다

에베소교회는 이단을 내쫓기 위해 열심히 싸웠다. 하지만 하나님은 "너희가 첫 사랑을 잃어버렸다."라고 말하신다. 순수하고 아름다운 믿음이 사라진 것이다. 이단을 쫓기 위해 싸움을 하는 것이 잘한 것 같지만, 영적으로는 엄청난 손해를 가져온 것이다. 선악을 알게 하는 나무의 열매를 먹지 말라는 것은 "네가 옳다. 내가 그르다."라고 하지 말라는 것이다. 결국 싸우다 보면 영적인 죽음에 이르고, 하나님의 사랑을 잃어버린다.

"새 계명을 너희에게 주노니 서로 사랑하라 내가 너희를 사랑한 것 같이 너희도 서로 사랑하라 너희가 서로 사랑하면 이로써 모든 사람이 너희가 내 제자인 줄 알리라" 요한복음 13:34-35

예수 그리스도는 사랑 그 자체다. 우리의 신앙생활에서 사랑이라는 핵심이 빠져나가면 뭐가 남을까. 아무것도 없다. 선악을 알게 한다는 건 원죄를 의미한다. 자존심, 즉 스스로 존재하는 마음은 인간의 것이 아닌 하나님의 것이다.

"누군 자존심 없는 줄 알아!" 이 말은 참으로 성경적이지 않다. 유월절은 영어로 'passover'다. 넘어간다는 뜻이다. 출애굽 전날 밤, 죽음의 천사가 애굽 장자들을 죽일 때 어린 양의 피를 문설주에 바른 이스라엘 백성의 집은 넘어감으로써 이스라엘 백성은 구원받았다. 문설주에 어린양의 피를 바른 사람 중에는 사기꾼도 있고 도둑도 있었을 것이다. 하지만 죽음의 천사는 그냥 피만 보고 넘어간다. 넘어가는 것이 은혜다. 따지고 넘어가면 원수가 된다. 가만 보면, 따지는 사람치고 경우 있는 사람이 없다. 자존심은 없어야 한다. 은혜받으면 자존심이 없어진다.

사도 바울처럼 나는 죽고 예수만 사는 것이다. 버리지 않고서는 그리스도인으로서 신앙의 길을 걸어갈 수 없다. 자존심 때문에 늘 넘어지고 쓰러진다. 그래서 예수 그리스도를 믿고 은혜받았다는 것은 자존심도 십자가에 못 박았다는 것이다.

"그는 허물과 죄로 죽었던 너희를 살리셨도다" 에베소서 2:1

인간은 원래 허물과 죄로 인하여 죽었던 자다. 죽을 수밖에 없는 우리를 피 값으로 살려 주신 주님께 감사밖에 할 것이 없는데, 보따리 내놓으라 한다. 이것이 우리의 모습이다. 자존심은 예수 그리스도와 함께 십자가에 못 박았다. 이것을 깨달아야 온전히 주의 길을 갈 수 있다.

자존심을 두 자로 줄이면 '고집'이다. 은혜받고 예수님을 주인으로 삼은 자는 고집을 버리고 순해져야 하는데, 우리는 여전히 고집이 세서 독한 마음을 품지는 않는가 생각해 봐야 한다. 은혜를 깊게 생각해야 하는데, 교회에서는 연륜을 가지고 얘기한다. 가만 보면 교회에 오래 다닌 사람이 더 세다. 자존심은 원죄다. 원죄가 있는 한 하나님 나라를 가는 데 걸림돌이 된다. 예수님은 자신을 담기 원한다.

애굽의 총리가 된 요셉에게 형들이 찾아와서, 아버지 야곱이 자기들을 절대 해하지 말라 했다고 말한다. 그러자 요셉은 이렇게 말한다.

"요셉이 그들에게 이르되 두려워하지 마소서 내가 하나님을 대신하리이까 당신들은 나를 해하려 하였으나 하나님은 그것을 선으로 바꾸사 오늘과 같이 많은 백성의 생명을 구원하게 하시려 하셨나니 당신들은 두려워하지 마소서 내가 당신들과 당신들의 자녀를 기르리이다 하고 그들을 간곡한 말로 위로하였더라" 창세기 50:19-21

"내가 하나님의 일을 대신하리이까"

심판과 정죄는 하나님만 할 수 있다. 요셉의 이 고백은 하나님이 주신 생명의 말씀을 그대로 보여 주는 것이다. 싸움으로는 아무도 사랑할 자가 없다.

그렇다면 하나님이 왜 선악을 알게 하는 나무의 열매는 먹지 말라고 하신 것일까. 사람은 다 다르기 때문이다. 우리 어머니는 늘 이렇게 말씀하셨다.

"어쩌면 내 뱃속에서 나왔는데 그렇게 다 다르냐."

인간은 다 다르다. 너와 내가 같은 때는 딱 하나, 남 욕할 때다. 하나님은 인간을 다 다르게 만드셨다. 만약 인간이 모두 같다면 원숭이가 사람으로 진화한 것이다.

따라서 너와 내가 성격이 같다는 것은 있을 수 없다. 남녀가 만나 7년이나 살았는데 어느 날 보니 남편의 눈이 없는 것이다. 아내가 "왜 눈이 없어요?" 하고 난색을 표하며 물으니, 남편은 "내가 얘기했다."라고 하는 것이다. 연애할 때 편지로 "한 눈에 반했다고 하지 않았냐"라고. 이상적인 사람은 없다.

빨주노초파남보 일곱 색깔이 다 다른데 한 가지 색깔로 칠한다면, 과연 무지갯빛만큼 아름다울까. 저마다 제 색깔을 지니고 살 때 아름다운 것이다. 사람의 성격을 바꾸려 드는 것만큼 어리석은 것도 없다. 죽었다 깨도 안 바뀌기 때문이다. 하나님이 제자들을 부르실 때도 기질과 성격대로 택해 부르셨다. 성도는 서로를 있는 모습 그대로 인정하면서 아름다운 신앙의 세계로 가야 한다.

남자와 여자는 다르다

지난 6월 메르스가 한국을 쑥대밭으로 만들었다. 나 역시 오래전 약속한 부흥 집회가 취소되는 걸 보면서 심각성을 느꼈다. 많은 사람이 현대 의학의 한계를 경험하며 안타까워하는 한편, 우리 몸의 면역력을 높이는 것만이 답이라는 깨달음을 얻었다.

그때 '메르스 방어 8대 실전 지침'을 받았다. 잠시 소개하자면, 손 자주 씻기, 물 많이 먹기, 적절한 단백질 섭취하기, 스트레스 피하기, 채소와 과일로 비타민 섭취하기, 숙면 취하기, 금연과 절주, 가벼운 운동 매일 하기 등이었다. 그런데 이 얘기를 듣고 한 사람이 이렇게 말하는 것이었다. "아이고, 집에 들어가지 말아야

지. 남편 때문에 스트레스 받으니까." 하는 것이다. 남편 때문에 아내 때문에 스트레스 받는다니 이해가 되는 한편, 하나님의 원하시는 바가 아니기에 안타까웠다.

우리는 다 다르다. 내 고향 충청도에서는 "됐슈!" 하면 안 된 거다. 처음 경상도에 가서 "됐다!"라는 말을 듣고 나는 정말 다 된 줄 알았다. 그런데 아니었다. 언어에 내포된 뜻이 다르다.

전도를 하러 가서 "내일 교회 오세요!" 하면, 충청도 사람들은 "갈게유. 알았다니께유!" 한다. 그리고 안 와서 이유를 물으면 "그럼 면전에 대고 안 간다 그려?"라고 답한다. 경상도는 "내일 교회오실 거죠?"라고 물으면 "안 가!" 하고 답이 짧다. 그리고 진짜 안 온다. 그런데 사귀고 보면 의리 하나는 끝내 준다. 전라도 사람들은 언어가 무척 화려하다. 성격도 아주 확실하다. 경상도 남자와 전라도 여자가 만나면 천생연분이라는 생각이 든다.

나는 충청도 사람, 아내는 부산 사람이다. 그런데 맞는 것이 하나도 없다. 연애할 때는 다 잘 맞았는데 말이다. 결혼과 동시에 안 맞는 것이 너무 많다는 것을 느꼈다. 나이 오십이 넘으니 괜히 아내가 무서워지고 거역하고 싶은 마음도 없다. 무조건 순종할 생각이다.

하나님께서는 남자와 여자를 다르게 만드셨다. 남자는 눈에 약점이 있다. 오죽하면 "예쁘면 다 용서된다."라는 말이 있을까. 보기 싫으면 용서 안 된다는 말이다. 여자는 귀가 약점이다. 목소리가 좋으면 정신 못 차린다. 1970년대 '이종환의 별이 빛나는 밤에'라는 방송이 있었는데, 여학생들이 밤에 잠 안 자고 라디오를 들으면서 얼마나 좋아했는지 모른다. 가수 조용필이 〈돌아와요 부산항에〉를 부르면, 그 목소리에 "오빠! 오빠!" 하고 소리를 질렀다. 남자는 그렇게 반응하지 않는다. 여자들이 가수를 좋아하는 건, 귀가 약하기 때문이다.

그래서 여자는 남자로부터 "사랑해요"라는 말을 듣고 싶어 한다. 여자는 자꾸 남자에게 "당신, 나 사랑해요?" 하고 물어 보곤 한다. 그런데 한 번만 물어봐야 한다. 남자는 두 번 세 번 물어 보면 화가 나는 동물이다. 하나님이 남자와 여자를 그토록 다르게 만드셨다. 생각해 봐라. 남자가 텔레비전을 시청할 때, 아내가 아무리 불러도 대답을 안 한다. 부르다. 부르다 아내가 와서 보면 텔레비전에 빠져서 대답을 못하는 것이다. 반면 여자들은 텔레비전을 시청하면서 동시에 껌도 씹고 뜨개질도 한다. 남자는 하나밖에 못한다. 같고자 해도 결코 같아질 수 없다는 뜻이다. 그러니 당연히 성격은 다 다르다고 봐야 한다. 안 맞는 것이 정상이다. 오랫동안 같이 살아온 부부가 솔직히 털어놓는 말이 있다.

"죽지 못해 사는 거지요."
"자식들 때문에 사는 거지 뭐."

우리 인생은 그렇게 살아가는 거다. 주님이 우리에게 십자가의 사랑을 몸소 보여 주신 뜻이 여기 있다. 아내는 남편을 위해, 남편은 아내를 위해, 죽어 줘야 행복한 가정이 된다.

남자는 결론 없으면 얘기를 안 한다. "결론만 이야기해"라고 자주 말하지를 않는가. 그런데 여자는 결론이 없어도 하루 종일 이야기한다. 그냥 얘기하는 거다. 그래서 처음 보는 사람과도 오랜 지인인 양 이야기한다. 그러니 남편과 대화하는 것 그 자체로 좋은 것이다. 남자는 목적이 없으면 굳이 대화하려 들지 않는다. 남자와 여자가 이렇게 다르다. 그래서 나는 여자들 모임에 신랑을 데려가는 것은 피하라고 말하고 싶다. 반대로 남자들 모임에 아내를 데려가는 것은 개의치 않는다. 여자들은 대화하다가 금세 친구가 되는 좋은 성향을 지니고 있으니 말이다.

때로는 나와 다른 사람과 인관관계를 맺고 살아가는 것이 힘들게 느껴질 때도 있다. 그러나 그리스도인에게 있어 능력이란, '넘어서는 것'이다. "할 수 있거든이 무슨 말이냐 믿는 자에게는 능치 못할 일이 없느니라"라는 말씀에서 능력이란 넘어서는 것이다. 사람을 보고 실망하더라도 넘어서고, 환경이 나를 힘들게 해도 넘어서는 것이다. 하나님께 은혜를 구하면 하나님은 어떤 어려움과 환난도 능히 넘어설 수 있는 능력을 허락하신다. 그것이 바로 건강이고 능력이고 하나님의 역사란 사실을 깨달아야 한다.

사람마다 오장육부가 다르다

그리스도인이 흔히 하는 말 중에 '변화됐다.'라는 말이 있다. 그런데 변화의 상태는 영원하지 않다. 예수님이 지배할 때만 변화가 유지된다. 은혜가 떨어지면 악해지는 것이 사람이다. 마태복음 12장에서 예수님은 말씀하신다.

"더러운 귀신이 사람에게서 나갔을 때에 물 없는 곳으로 다니며 쉬기를 구하되 쉴 곳을 얻지 못하고 이에 이르되 내가 나온 내 집으로 돌아가리라 하고 와 보니 그 집이 비고 청소되고 수리되었거늘 이에 가서 저보다 더 악한 귀신 일곱을 데리고 들어가서 거하니 그 사람의 나중 형편이 전보다 더욱 심하게 되느니라 이 악한 세대가 또한 이렇게 되리라" 마태복음 12:43-45

그리스도의 영적 전쟁은 휴전이란 것이 없다. 귀신 하나 내어 쫓으니, 더 악한 귀신 일곱을 데리고 들어오는 것이 인간의 마음이다. 따라서 사람은 변화되는 것이 아니라, 예수 그리스도가 내 마음을 지배하고 내 삶의 주인이 되어 인도할 때 변화된 것처럼 보이는 것이다. 사람은 절대로 변하지 않는다. 그의 생각과 언어를 주님이 지배하는 것뿐이다. 따라서 성도는 주님의 부름을 받는 그날까지 은혜가 충만해야 한다. 육적으로도 건강해야 한다.

건강하면 어떤 병도 이길 수 있다.

만약 암에 걸렸다면, 나는 세 끼 잘 챙겨 먹고 특별히 맛있는 것을 골라 먹으라고 말한다. 암은 싸울 대상이 아니라 다스릴 대상이다. 내 몸 안에 일어난 현상과 싸우려 한다면 몸은 늘 스트레스를 받을 것이다. 하나님께서 창조하신 인간은 몸 안에 치유의 힘이 내재되어 있다. 암뿐 아니라 척추 질환, 정신적 질환도 마찬가지다. 그래서 '교정 치유', 내적 치유'라는 말이 있는 것이다. 암을 다스릴 능력을 기르고, 그 힘으로 버티는 것이다. 얼마나 오래 잘 버티느냐가 관건인데, 그때 교정 치료와 네 가지 운동, 그리고 내 몸에 맞는 음식을 먹으면 암도 극복할 수 있다.

안중교회에 집회를 간 적이 있다. 집회할 때 갑상선 암에 걸린 환자가 찾아왔다. 이미 수술 날짜까지 잡은 상태였다. 그런데 집회에서 구르기 운동을 하면 갑상선 질환을 고칠 수 있다는 말을 듣고 믿음으로 받아들였다. 그리고 한 달 반을 운동한 것이다. 내가 경기도 일산에서 교정 훈련할 때 그의 아버지가 찾아왔다. 그런데 갑자기 딸의 전화를 받더니 울기 시작했다.

"목사님, 집회에서 처음 뵐 때 우리 딸이 갑상선 암으로 수술날짜까지 잡아 둔 상태였어요. 목사님이 네 가지 운동을 열심히 하면 갑상선도 치료받을 수 있다고 해서, 순종하는 마음으로 열심히 했어요. 그런데 방금 딸이 주치의를 만났는데 놀랍게도 암세포가 싹 없어졌다는 말을 들었답니다. 의사도 놀라서 다시 검사하자고 했대요."

그 소리를 듣고 나도 울고 그도 울었다. "피곤함이 사라져서 나은 것 같은 믿음이 있었다."라고 딸이 말했단다.

인간의 몸에는 오장육부가 있다. 오장은 간, 심장, 비장, 폐, 신장이고, 육부는 쓸개, 위, 대장, 소장, 방광, 삼초이다. 동의학에서는 오장과 육부가 각각 짝을 이룬다고 설명한다. 그리고 오장은 몸의 내부에 있는 장기지만, 얼굴에 있는 일곱 구멍과 연결되어 있다. 구체적으로 말하면 코는 폐에 속한 기관으로, 코로 드나드는 폐의 기운이 조화를 이루어야 향기로운 냄새를 잘 맡을 수 있다. 폐에 병이 생기면 숨이 차고 코를 벌름거리게 된다.

눈은 간에 속한 기관으로, 간의 상태가 좋아야 눈으로 다섯 가지 색깔을 잘 분별할 수 있다. 간이 안 좋은 사람은 눈시울이 퍼렇게 된다.

혀는 심장과 연결되어 있다. 심장이 정상이면 혀가 다섯 가지 맛을 잘 느낄 수 있지만, 심장에 병이 생기면 혀가 말려 짧아지고 광대뼈 부위가 벌겋게 된다.

입은 비장과 연결되어 있다. 비장이 정상이면 음식 맛을 잘 알 수 있으며, 비장에 병이 생기면 얼굴이 누렇게 된다.

귀는 신장과 연결되어 있다. 신장이 정상이면 귀는 다섯 가지

소리를 잘 듣고, 신장에 병이 있는 사람은 광대뼈 부위와 얼굴이 검게 변하고 귀가 마른다.

몇 년 전 겨울, 나는 사하라 사막에 갔다. 가는 데 꼬박 3일, 오는 데 3일이 걸렸다. 3일 만에 사하라 사막에 한 번 누워 봤다. 사하라 사막에서 황혼, 즉 해지는 풍경을 촬영했는데 나중에 사진을 보고 놀라운 것을 발견했다.

네덜란드의 화가인 몬드리안의 〈빨강, 파랑, 노랑의 구성〉이란 추상화를 본 적이 있을 것이다. 마치 우리나라 전통 규방 공예인 조각보처럼 갖가지 색깔로 이루어져 있다. 몬드리안은 빨강, 파랑, 노랑의 3원색 면과 하얀색 바탕의 면에 검정색 선으로만 이 작품을 만들었다. 사실 몬드리안은 청교도 신앙을 가진 아버지의 영향을 받았다. 당시 '신성한 지혜'를 추구하는 모임인 '신지학 협회'에 가입했는데, 신지학은 일반적인 현상들 속에서 보편적인 특성을 끌어냄으로써 하나님과 하나가 될 수 있다고 믿었다. 그래서 몬드리안은 모든 사물 속에 있는 본질, 즉 조화로움에 관심이 많았다.

그런데 나는 몬드리안의 추상화를 보면서 오장의 색깔이 다 다르다는 사실을 떠올렸다. 심장은 붉은색이다. 그래서 사람들은 하트를 빨간색으로 그린다. 심장이 뛰면 얼굴이 붉어진다. 그리고 간은 푸른색이다. 간에 병이 나면 눈가가 파랗게 된다. 위는 노란색이다. 밥을 먹고 체하면 얼굴이 누렇게 된다. 폐는 흰색이다.

폐 질환이 생기면 얼굴이 창백해진다. 신장과 방광은 검은색이다. 그래서 신장 투석을 받는 환자들은 대부분 얼굴이 검다. 즉 오장은 파란색, 빨간색, 노란색, 흰색, 검정색 등 다섯 가지 색깔이다.

그래서 이 땅에 있는 음식도 다섯 가지 색깔이다. 콩을 떠올려 보자. 파란 콩, 빨간 콩, 노란 콩, 흰 콩, 까만 콩이다. 맛도 다섯 가지다. '오미(伍味)'라고 하는데, 신맛, 쓴맛, 단맛, 매운맛, 짠맛이다.

내가 사하라 사막에서 찍은 사진 속의 하늘은 구름 한 점 없는 파란색이었다. 하나님의 색깔인 것이다. 그리고 땅은 붉게 물든 빨간색, 모래산은 그늘 져서 까만색으로 보였다. 또 모래와 하늘에 맞닿아 있는 곳은 노란색 선이 만들어져 있는데, 노란색은 성령을 일컫는다. 사진 속 노란색 선은 역동성을 가지고 출렁출렁거리는 듯 보였다. 마치 성령이 세상과 하나님 사이에서 역사하듯이 말이다. 노란색 선은 흰색이 둘러싸고 있었다. 사막의 사진을 보면서 나는 하나님이 세상을 만드셨음을 확인할 수 있었다. 다시 말해, 하나님이 인간을 만드신 것이지 원숭이가 진화해 인간이 된 것이 결코 아니란 말이다. 몬드리안의 그림 속 빨강, 노랑, 파랑, 하양, 검정은 하나님의 창조하신 인간의 몸을 그대로 표현하고 있는 것이다.

사람의 얼굴에 나타난 색을 통해 오장의 상태를 알 수 있다. 안색이 노란 사람을 보면 "소화가 잘 안 되죠? 위가 안 좋으시네요."라고 말한다. 위가 약하다는 말이다. 보통 얼굴이 붉으면 "혈색 좋네"라고 하는데, 이는 혈색이 좋은 것이 아니다. 심혈관이 건강하지 못해 얼굴에 드러나는 것이다.

하나님은 인간이 병들어 죽기 7년, 10년 전에 색깔로 미리 알려 주신다. 우리는 "갑자기 찾아온 암 때문에 죽었다."라고 말하지만, 사실 암은 갑자기 찾아오지 않는다. 오랜 세월 동안 우리 몸에서 진행되어 온 것이다. 신기하게도 사람은 몸에서 안 좋은 장기의 색깔을 좋아하게 되어 있다. 노란색을 좋아하는 사람은 위가, 빨간색을 유독 좋아하는 사람은 심장이 허약한 것이다. 그리고 검정색 옷을 자주 입는 사람은 신장과 방광이 안 좋은 경우가 많다.

모자 관계인 장기가 있다

태아는 물론 젖먹이 아이는 모유를 먹으면서 영양을 공급받는다. 흔히 "엄마가 건강해야 아이도 건강하지."라고 말하는 것은 엄마의 영양 상태가 아이에게 절대적으로 중요한 역할을 하기 때문이다. 그런데 하나님께서는 우리 몸의 장기도 엄마와 자식처럼 기능적으로 얽혀 있도록 만드셨다. 현맥(간장과 담낭), 구맥(심장과 소장), 홍맥(비장과 위장), 모맥(폐와 대장), 석맥(신장과 방광), 삽맥(심포와 삼초)이 그렇다. 현맥은 구맥의 엄마요. 구맥은 또 홍맥의 엄마다. 엄마는 좋은 것을 자식에게 다 준다. 그리고 자식이 병 들면 엄마도 병 든다.

예컨대 심장과 소장이 병 들면, 간장과 담낭도 병이 든다. 간이 아픈 사람이 병원에 가면 간만 치료받지만, 알고 보면 심장에 이상이 생겨 간에 병이 온 것이다. 심장은 전신에 혈액을 보내는 동력이고, 간은 혈을 저장하고 전신 혈맥의 양을 조절하는 기능을 한다. 둘은 같이 하는 일이 있는 셈이다. 또한 담낭은 소장의 연동 운동을 촉진시켜 주는 역할을 한다. 따라서 심장과 소장이 병 들면 간과 담낭도 병 든다. 그런데 현대 의학은 대증 요법이라 아픈 데만 고친다. 그래서 '아차' 하는 순간 엄청난 질병으로 발전한다.

허리가 아플 때는 10분 동안 근육만 풀어 주면 통증이 사라진다. 허리 통증은 몸을 바로 세우면 치료되는데, 치료한다면서 통증 신경을 끊어버리는 경우를 많이 봤다. 일시적으로는 통증을

엄지손가락은 폐와 연결된다.
엄지손가락 손톱 바깥쪽을 만져 보면
홈이 느껴진다. 체했을 때 그곳을
사혈 침으로 찔러서 피를 내면 바로 소화가 된다.

못 느끼니 치료 효과를 보는 것 같지만, 조금 지나면 다른 데서 통증이 생긴다. 원인을 알고 치료하는 것이 중요하다.

위가 안 좋으면 심장도 안 좋고, 폐가 안 좋으면 위도 안 좋다. 두 번째 발가락이 위인데, 체했을 때는 폐, 대장과 연결된 경혈을 자극한다. 엄지손가락은 폐와 연결된다. 엄지손가락 손톱 바깥쪽을 만져 보면 홈이 느껴진다. 체했을 때 그곳을 사혈 침으로 찔러서 피를 내면 바로 소화가 된다. 체했다고 아무 데다 막 찌르는 것이 아니다. 위와 폐는 모자 관계라 아들인 폐를 찌르면 어머니인 위가 바로 소화가 되는 것이다. 엄지손가락을 '사' 하면, 위장에서 '보'해서 소화가 되는 원리다.

또 다른 예로, 눈에 다래끼가 나면 위가 원인이다. 이때도 역시 위와 연관된 경혈이 있는 두 번째 발가락 발톱 옆을 찔러 피를 내면 그 다음날 다래끼가 없어진다. 이것은 우리 몸이 유기적으로

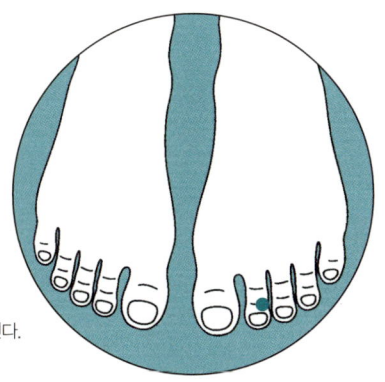

위와 연관된 경혈이 있는 두 번째 발가락 발톱 옆을 찔러 피를 내면 그 다음날 다래끼가 없어진다.

결합된 완전체이기에 나타나는 현상이다.

발톱 옆을 찔러 피를 내면 그 다음날 다래끼가 없어진다.

사랑은 내리사랑이다. 현맥에 문제가 있으면 구맥에도 문제가 생기지만, 반대로 구맥의 해가 현맥에 영향을 주는 법은 없다. 간담이 병 들었다고 해서 심장과 소장이 병드는 법은 없다는 이야기다.

기독교 영성은 장자권에 있다. 장자에게 모든 재산을 물려준다. 그러면 장자가 동생들을 먹여 살린다. 그래서 이삭의 쌍둥이 아들인 야곱과 에서는 장자권 때문에 다툼을 했다. 야곱은 어떻게든 장자권을 손에 넣기 위해 축복을 도둑질까지 했다.

이처럼 맥 사이에는 모자 관계가 있고 자식의 해가 부모에게 미칠지언정, 부모의 해가 자식에게 미치지는 않는 인체의 신비를 보면서, 오늘날 우리 모습을 돌아보게 된다.

주변에 큰아들이 경제적 어려움에 시달리면 집안에 웃음이 사라지고 분열이 생기는 것을 볼 수 있다. 부모 자식 관계도 마찬가지다. 부모가 살아있을 때 자식에게 재산을 다 물려주면 돌아오는 것이 없다. 자식도 부모가 살아있을 때 재산을 물려달라고 하는 건 도리가 아니다. 해는 부모에게 미칠지언정, 득은 없다는 말이다. 하지만 부모는 어떤가. 죽을 때까지 자식에게 해를 끼치고 싶지 않은 것이 부모의 마음이다. 하나님께서 인간을 만드신 창조 원리다.

PART 5

체질에 따른 섭생법

이는 내 능력이 약한 데서 온전하여짐이라 하신지라
그러므로 도리어 크게 기뻐함으로 나의 여러 약한 것들에 대하여 자랑하리니
이는 그리스도의 능력이 내게 머물게 하려 함이라
고린도후서 12:9

사람마다 맥이 다르다

우리 몸에는 맥이 있다. 한의학으로 보면, 맥은 사람마다 다르다. 맥이 움직이는 형태와 크기를 통해 장기의 상태를 체크할 수 있다. 현대 의학으로는 증명할 수 없지만, 중국의 한의학자들이 오랜 세월 사람을 진맥하면서 연구해 온 것이다. 맥은 얼굴 구조를 지배한다. 맥이 비슷한 사람은 얼굴 생김도 비슷하다.

맥은 우리가 어떤 음식을 먹느냐에 따라 바뀐다. 맞지 않는 음식을 먹으면 맥이 바뀌었다가, 두 시간이 지나서야 원상태로 회복된다. 내 맥의 형태를 유지하려면 자기 체질에 맞는 음식을 먹어야 한다. 만약 자신에게 맞지 않는 음식을 자주 먹으면, 맥이 약 두 시간 동안 바뀌게 되며, 이는 수명을 단축시킨다. 그래서 내 몸에 좋은 음식이 아니라, 내 몸에 맞는 음식을 먹어야 한다.

먹지 말아야 할 음식을 자꾸 먹으면 맥이 바뀌며, 이는 얼굴로 나타난다. 오랫동안 해로한 부부를 보면서 흔히 "부부는 닮는다더니, 와 정말 맞구나!"라고 말한다. 이 말은 알고 보면 그리 좋은 뜻이 아니다. 부부의 얼굴이 점점 닮아가는 것은, 마음이 잘 통해서가 아니다. 한의학에 근거해 보면, 똑같은 음식을 먹기 때문에 얼굴이 닮는 것이다. 쌍둥이도 엄마가 기를 때는 비슷하다가 떨어져서 일 년만 살면 얼굴이 확 달라 보인다.

얼굴이 유독 닮은 부부 중에 남편이 일찍 세상을 뜨는 경우가 많다. 이것은 성경의 원리, 하나님의 창조 원리 때문이다. 가정에서 아내의 역할이 얼마나 중요한지 모른다. 요즘은 요리하는 남편도 많아졌지만, 일반적으로 가정에서 음식을 담당하는 것은 아내다. 요리책을 스크랩하면서 요리법을 연구하고 식품영양학에 근거해 단백질, 탄수화물, 지방, 비타민을 골고루 섭취할 수 있도록 메뉴를 고른다. 물론 좋다. 감사한 일이다. 그런데 한 가지 잊어버리는 것이 있다. 남편에게 음식을 해 줄 때 "어떤 걸 먹고 싶어?" 하고 남편의 의견을 묻지 않는다. 그래서 남편이 "달게 먹고 싶다."라고 하면 "살찌고 당뇨 걸린다고 의사가 달게 먹지 말래!" 하면서 잔소리를 늘어놓는다. 그러면서 남편의 건강은 점점 무너진다. 인생은 맛에 있다. 입맛이 돌아야 먹는 것이 즐겁다.

오장은 비타민C, 비타민E 등 영양소에 대해 모른다. 오장이 '아, 칼슘이 들어왔구나!', '비타민C가 들어왔네!' 하고 느끼지 못한다. 하나님은 인간에게 다섯 가지 맛을 즐기게 하셨다. 우리 몸의 장기는 단맛, 짠맛, 신맛, 매운맛, 쓴맛을 느끼고 움직인다. 신맛을 먹었을 때 움직이는 장기와, 매운 맛을 먹었을 때 움직이는 장기가 다르다. 또한 신맛을 먹으면 허약해지는 장기가 있고, 매운 맛을 과하게 먹으면 허약해지는 장기가 있다. 결론은 음식 맛이 내 몸을 지배한다는 것이다. 따라서 내 몸에 맞는 음식을 맛있게 먹어야 한다.

한 칸 건너면 상생 관계지만, 두 칸 건너뛰면 상극 관계다. 이를테면 간장과 담낭을 주관하는 것은 신 맛이 나는 음식인데 과하게 섭취하면 비장과 위장이 허약해진다. 오장육부가 서로 상극 관계일 때는 하나가 과하면 다른 하나가 약해지는 것이다. 간, 심장, 비장, 폐, 신장 등 오장은 골고루 건강해야 한다. 우리나라 사람은 홍맥 주도형이 많다. 홍맥 주도형은 위장이 약하다. 비장과 위장을 튼튼하게 하려면 단 맛이 나는 음식을 먹어야 한다.

그런데 요즘 한국 사람들이 신 맛을 많이 섭취한다. 이는 서양 사람에게 맞는 것이다. 미국이나 유럽 사람은 현맥 주도형이다. 밀가루 등 신 음식이 주식이다. 잘 생각해 보면, 국수를 먹고 '꺽!'하고 트림을 하면 신맛이 목구멍으로 올라온다. 쌀밥 먹고 '꺽!'하고 트림하면 단맛이 목구멍으로 올라온다. 비장과 위가 망가지는 원인은 신맛을 많이 섭취하기 때문이다. 위장병으로 병원에 가면 의사가 약을 처방해 주면서 꼭 하는 말이 있다.

"밀가루 먹지 마세요."

위에는 밀가루가 안 좋기 때문이다. 그런데 사람들은 라면을 먹고 디저트로 빵까지 먹는다.

당뇨의 원인은 흰 쌀밥이 아니라 밀가루 섭취다. 현대 의학에서도 밀가루를 많이 섭취하면 혈당이 올라가는데, 이 혈당을 낮추기 위해 우리 몸에서는 인슐린 호르몬을 다량으로 분비해 당뇨를 유발한다고 말한다. 당뇨 피하려고 단맛 나는 음식을 아무리 안 먹어도, 밀가루 음식을 좋아하면 당뇨를 피할 수 없다.

우리나라에 67세 할아버지가 '세상에 이런 일이'라는 텔레비전 프로그램에 출연했다. 설탕만 먹고 사는 사람인데, 아욱국이며 돼지구이, 커피에 설탕을 듬뿍 넣는다. 그래서 손자들이 할아버지 댁을 방문할 때면 양손에 설탕을 들고 온다. 방송 관계자들이 할아버지를 모시고 의사의 진찰을 받게 한 뒤 내시경 검사까지 했는데, 위장 나이가 40대인 것이다. 전문의는 "할아버지, 그래도 당뇨 걸릴지 모르니 설탕은 드시지 마세요."라고 말했다. 할아버지가 나오면서 하는 말이 가관이다.

"이때까지 먹었는데 뭐."

솔직히 얘기해서 밀가루 피하고 단걸 많이 먹어서 당뇨 걸린 사람은 못 봤다. 하나님의 창조 원리를 알고 자신의 체질에 맞게 음식을 섭취하면 건강을 유지할 수 있다.

미국 사람들은 전립선암 발병률이 높다. 미국에 가서 햄버거를 먹어 보니 너무 짰다. 그런데 거기에 소금을 더 쳐서 먹는 걸 보고 무척 놀랐다. 우리나라 사람은 쓰고 달고 얼큰하게 먹어야 맛있고 건강하다. 얼큰하게 먹어야 기분 좋은 사람에게 얼큰하게 먹지 말라고 하는 건 고문이다. 맛이 없는 걸 어찌 즐겁게 먹을 수 있단 말인가. 반면에 얼큰하게 먹으면 머리와 얼굴에 비 오듯 땀이 흐르고 정신을 못 차리는 사람도 있다. 인종에 따라 체질이 다르고, 체질에 따라 몸에 좋은 음식도 다르다.

푸른색 채소 중에 가장 좋은 것이 부추다. 부추는 간장과 담낭에 좋은 음식이다. 식품영양학적으로 볼 때, 부추는 콜레스테롤 수치를 조절하는 데 도움을 준다. 부추의 알싸한 맛을 내는 '황화알릴'은 간의 해독 작용에 매우 중요한 역할을 한다. 간이 독소를 분해하고 나오는 찌꺼기나 우리 몸에 해로운 활성산소를 제거하는 데 도움을 준다. 그리고 부추에는 콜레스테롤을 배출하도록 촉진하는 성분이 들어 있어서 중성 지방이 몸 안에 쌓이는 것을 막아 준다.

그런데 부추를 먹으면 소화가 잘 안 된다. 변을 보면 풀 모습 그대로 나온다. 한국 사람은 홍맥 주도형이 많다고 앞에서 언급했다. 그러니 소화가 안 되어 푸른색 부추가 그대로 변으로 나오는 것이 당연하다. 푸른색 채소는 간장과 담낭에 좋은 음식 중에 하나다. 그러나 비장과 위장은, 간장과 담낭과 서로 상극 관계라서 소화를 못 시키는 것이다. 그래도 꼭 섭취하고 싶다면, 유기농 채소를 구해 녹즙을 내서 아침에 먹어야 조금이라도 소화가 된다. 식품영양학적으로 몸에 좋다고는 하지만, 소화가 잘 되어야 영양분도 흡수되는 것이다. 흑미도 마찬가지다. 흑미 밥을 먹고 나면 까만 변을 본다. 소화가 잘 안 되는 탓이다.

평소 위가 안 좋은 사람에게 입술이 터졌다고 비타민C를 먹으라고 하면 안 된다. 위장 장애가 온다. 그런 사람은 비타민C를 식사 중간에 밥과 함께 섭취하는 것이 좋다. 혹시라도 잘 흡수될 거라는 과한 욕심에 빈속에 먹으면 속이 뒤집어진다.

우리나라 사람들은 흔히 회를 먹을 때 초고추장에 찍어 먹는다. 그런데 이상하게 뒤끝이 안 좋다. 설사하고 속이 안 좋은 경우가 많다. 우리와 체질이 비슷한 일본 사람들은 간장에 찍어 먹는다.

한번은 미국에 집회를 갔는데, 그 교회 성도 중에 60%가 당뇨 환자였다. 한국 사람은 쌀을 먹어야 건강한데, 밀가루를 많이 먹어서 그런 것이다. 가만히 생각해 보자. 라면 먹고 공부 열심히 하는 아이를 보았는가? 조금 있으면 다 엎드려 잔다. 토스트 먹고 열심히 공부하는 아이를 보았는가? 역시 졸고 있는 경우가 많다. 소화가 안 되면 피곤해서 잠이 온다. 한국 사람은 달게 먹어야 소화가 잘 된다.

입 냄새가 나서 치과에 가면 "내과에 한 번 가 보세요." 하고 권하곤 한다. 위장에 병이 나면 아무리 양치질을 하루에 열 번 이상 해도 입 냄새가 사라지지 않는다. 속이 편하지 않기 때문이다. 맹장 수술한 사람도 무조건 입 냄새가 난다. 그런 사람에게 나는 흑설탕을 먹으라고 권하고 싶다. 흑설탕은 백설탕이나 황설탕과 다르다. 흑설탕은 원당에 캐러멜을 첨가하여 만들어지는 것으로, 무기질이 함유되어 있다. 백설탕이나 황설탕이 당도가 100%인 것에 비해, 흑설탕은 당도가 86%라고 한다. 그리고 캐러멜이 들어가 촉촉하다. 2~3일 먹으면 입 냄새가 사라진다. 위 처짐이나 다크 서클이 내려올 때도 흑설탕을 먹으면 장이 올라붙는다. 위궤양 때문에 속 쓰림으로 고생하는 사람들도 흑설탕을 먹으라고 권한다.

상극인 음식을 먹는 대표적인 예가 미역국이다. 보통 간장과 담낭에는 닭고기, 개고기가 좋고, 비장과 위에는 소고기를 살짝 구워 먹는 것이 좋다. 신장과 방광은 피의 농도를 지배하는 장기인데, 이것이 안 좋으면 미역국을 먹는다. 사람들이 미역을 먹으면 피가 맑아진다고 하는 건 바로 이 때문이다. 일반적으로 미역국을 끓일 때 소고기를 넣는다. 그런데 알고 보면 미역과 소고기는 서로 상극 관계다. 차라리 조개나 홍합, 전복을 넣으면 궁합이 맞고 맛도 시원하다. 여기다 또 참기름을 듬뿍 넣는데, 한국 사람들은 참기름이 소화가 잘 안 된다. 우리나라 사람은 기름에 달달 볶아 먹는 요리법보다는 데쳐 먹거나 구워 먹어야 체질에 맞다. 요즘 서구형 병이 늘고 있다. 모두 서구에서 온 음식, 패스트푸드, 인스턴트식품 때문이다. 음식은 내 몸을 구성하는 데 있어 매우 중요하다. 함부로 아무것이나 먹으면 몸은 점점 망가진다. 그러니 다른 사람에게 좋은 음식이라고 해서 나에게도 좋을 거라고 생각하지 말아야 한다.

얼굴 모양도 체질에 따라 다르다. 현맥 주도형은 대체로 얼굴이 긴 편이다. 서구형 얼굴이다. 구맥 주도형은 턱이 뾰족하고 입술이 얇다. 홍맥 주도형은 얼굴이 둥글다. 모맥 주도형은 턱이 둥글고 입술이 두껍다. 석맥 주도형은 이마보다 턱이 넓다. 여자들은 나이 들면서 신장과 방광이 허약해져서 짜게 먹는데, 시간이 흐르면서 턱이 넓어진다. 남편에게도 똑같이 그렇게 음식을 해서 먹인다.

쓰게 먹어야 하는 사람은 쓰게 먹고, 맵게 먹어야 할 사람은 맵게 먹어야 한다. 획일화해서 먹으면 안 된다는 말이다. 모맥 주도형은 맵게 먹어야 하는데 심심하게 먹으면 폐가 허약해진다. 그러면 비염, 축농증, 아토피, 천식 등에 걸린다. 얼큰하게 먹지 않으면 못 고친다.

"목사님, 우리 아들이 아토피 때문에 힘들어 하는데, 어떻게 관리해 줘야 하나요?"

많은 성도들이 이런 질문을 한다. 요즘 아이들은 아토피에 많이 걸린다. 그럼 아이들은 왜 아토피에 걸릴까? 원인은 폐에 있다. 폐가 허약해지기 때문이다. 현맥에 맞는 음식인 우유를 많이 먹으면 아토피에 걸린다. 우유는 간에 좋은 식품이지만 폐에는 좋지 않다. 분유도 우유로 만들어진 것이니 마찬가지다. 젖을 먹는 동물 중에 유년기가 지난 뒤에도 젖을 먹는 동물은 없다. 사람만이 유일하게 소의 젖을 계속 먹는다. 특히 한국 사람들은 우유를 소화시키지 못한다. 우유만 먹으면 설사하고 가스가 차는데도, 아이들 키 커야 한다고, 또 여성들 골다공증을 예방한다고 열심히 마신다.

아토피 치료를 받기 위해 병원에 가면, 의사들이 "우유, 밀가루 먹이지 마세요."라고 말한다. 이는 맞는 말이다. 심장내과 교수가 "우유는 먹으면 안 되는 식품이고, 완전식품이 아니라 완전하게 불안전한 식품이다."라고 말했다. 미국 하버드 대학은 7만 명 이상의 여성을 18년 동안 추적해 논문을 발표했는데, 우유를 아무리 많이 마셔도 골다공증 예방에 아무런 효과가 없다는 결론이었다. 덴마크는 세계 1위의 우유 생산국이다. 그런데 덴마크의 골다공증 발병률은 세계 1위다. 미국은 세계 2위의 우유 생산국이다. 미국의 골다공증 발병률은 세계 2위다. 우유 같은 산성 단백질을 섭취하면 우리 몸은 중성을 유지하기 위해 뼈에서 칼슘을 빼낸다.

모유를 먹이면 아토피에 걸리지 않는다. 모유에는 아토피를 예방할 수 있는 면역 성분이 들어 있다. 그런데 모유 수유를 할 때는 엄마가 우유와 밀가루 섭취를 제한해야 한다. 우유를 먹어야 칼슘을 섭취한다고 말하는데, 사실 고온으로 끓이면 다 산화된다.(저온살균 우유는 먹어도 된다. 고온과 저온은 다르다)

우리나라 사람은 쌀밥을 먹어야 한다. 애들도 쌀밥을 먹여야 한다. 우리 가족은 떡집에서 쑥떡을 만들어서 냉장고에 넣어뒀다가 밥을 먹지 못할 때 꺼내 먹는다. 아침 시간에 바쁘다고, 입맛이 없다고, 토스트로 아침 식사를 대신하는 사람이 많다. 그런데 토스트를 비롯한 서구형 식생활은 신장 질환, 방광 질환 등 서구형 질병을 불러 온다. 그래도 맛있으면 먹어야지 어쩌겠는가. 밀가루는 중독 식품이다. 중독되면 비만이 오고 자꾸만 먹고 싶어 군침이 돈다. 한 번은 음식점에 가니, 밀가루 수제비에 부추부침개를 주는 것이다. 밀가루도 부추도 소화를 못 시키는 터라. 나는 속이 부글거려 혼났다.

단언하건대 건강하게 살려면 먹고 즐거워야 한다. 가장 중요한 건 맛있게 먹는 것이다. 말씀도 "아멘! 아멘!" 하면서 들어야 맛있다. "아멘"으로 받아들이면 그게 다 능력이 된다. 그런데 집회 때 이런 얘길 하면 성도들은 "꼭 말로 해야 되요?" 하는 눈초리로

"아멘"을 안 한다. 하나님은 아마 "그래, 말로 해야 한다." 하고 말씀하실 것이다. 인격은 언어로 나타난다.

"아내들이여, 남편 체질에 맞게, 남편이 맛있게 먹도록 요리하라."

그렇다고 남편 입맛에만 맞춰 먹으면 아내가 병난다. 우리는 각자 자신의 입맛에 맞게 먹어야 한다. 우리 집은 밥 먹을 때 항상 땡초와 고춧가루를 밥상에 올린다. 자기 입맛대로 간을 맞춰 먹으라는 것이다.

행복이나 기쁨은 남이 주는 것이 아니라 내가 결단하고 느껴야 하는 것이다. 신앙도 마찬가지다. 내 마음이 그리스도를 주인으로 인정하고 순종하기로 결단하는 것이다. 남이 "행복하세요!" 한다고 당장 내 마음이 행복해지는 것이 아니란 말이다. 음식을 먹을 때도 결단이 필요하다. '맛있게 먹자!' 하면 어떤 음식도 맛있다. 나는 어떤 음식도 맛있게 먹기로 결단하고 나니, 전국 곳곳에 집회를 다니면서 먹는 토속 음식들이 하나같이 맛있다. 음식을 가리지 않는다. 편식하지도 않는다. 행복도 마찬가지다. "나는 행복하게 살 거야!" 하고 결단하면 늘 행복한 일만 생긴다. "누구 때문에, 무엇 때문에, 어떤 상황 때문에"라고 말하는 사람은 늘 환경을 탓한다. 주체를 나로 바꿀 때 우리 삶은 행복해진다.

즐겁게 살고 싶으면 "나는 내 인생을 즐겁게 살 거야!"라고 결단하면서 하나하나 이루어 가야 한다. 저절로 인생이 즐거워지지 않는다. 남이 내 인생을 즐겁게 해줄 수도 없다. 행복은 내가 누리는 것이다. 결단하고 만들어 가는 것이다. "사랑할 거야"라는 결단 속에서 내가 죽을 때까지 헌신해야 한다. 내가 오늘 천국의 삶을 살리라 결단해야 이루어진다.

음식도 마찬가지다. 내가 맛있게 먹으면 되는 거다. 맛없으면 "맛있다! 맛있다! 맛있다!" 속으로 세 번 외쳐라. 인생은 거저 주어지는 것이 하나도 없다. 내가 창조해 가는 것이다. 이게 바로 예수 그리스도를 통해 주시는 하나님의 은혜다. 감사함으로 받으면 하나도 버릴 것이 없다. 말씀과 기도로 깨끗해지지 않는 것이 없다고 했다. 수준 있는 그리스도인의 삶을 살기 바란다.

맥박은 심장의 운동에 의해 느껴진다. 건강한 사람은 한 번 숨을 들이마셨다가 내쉴 때 맥박이 네 번 뛴다. 한의학에서는 "맥박이 뜨지 않고 속으로 가라앉지도 않으며, 규칙적으로 맥박의 파행이 크지도 작지도 않아야 한다."라고 말한다. 그런데 오장육부에 문제가 생기면 맥박이 달라진다.

우리 몸의 맥은 현맥, 구맥, 홍맥, 모맥, 석맥, 삽맥이 있다. 현맥(脈)은 길게 쭉쭉 뻗어 나가는 맥이다. 현맥 주도형인 사람은 간담이 실하게 크게 태어난다. 구맥(脈)은 심장과 소장과 연관된다. 누르면 맥이 약해지는 것이 특징이다. 홍맥(洪脈)은 비장과 위와 연관된다. 맥이 넓게 뛰는 것이 특징이다. 우리나라 사람들은 홍맥 주도형이 많다. 모맥(毛脈)은 폐와 대장과 연관된다. 맥을 누르면 밀고 나오는 듯 뛰는 특징이 있다. 석맥(石脈)은 신장과 방광과 연관된다. 신장과 방광이 선천적으로 큰 사람들이 있는데, 맥을 짚어 보면 볼펜으로 톡톡 찌르듯 뛴다. 삽맥(澁脈)은 심포, 삼초 즉 마음과 연관된다. 위나 폐처럼 형태를 가지고 있지는 않지만 우리 몸의 순환을 돕는 중요한 역할을 하는 것들을 심포, 삼초라 하는데, 이상이 생기면 음식을 잘 먹지 못하고 배설도 원활하지 않다. 즉 마음이 병 들면 들어가는 것도 안 들어가고, 나가는 것도 안 나가는 것이다.

갑자기 목사가 동의학에 근거해 맥을 얘기하는 것이 이상하게 들릴지도 모른다. 난 일생 동안 한의학에 관심을 기울이며 여러 가지 자연 치유에 대해 공부했다. 그러다가 신학을 공부하면서 성경 속에서 놀라운 진리를 발견했다. 창조론이야말로 인간의 몸을 이해하는 데 있어 가장 기본이 되는 이론이었다. 한의학 혹은 동의학을 공부하는 사람들은 우리 몸을 하나의 우주로 본다.

원숭이가 인간으로 진화했다면 사람의 몸을 제대로 이해할 수 없다. 아플 때 대증 요법으로 아픈 곳만을 치유해 다른 곳에서 후유증이 발생하는 것을 빈번하게 경험했을 것이다. 하지만 하나님이 창조하신 인체는 그렇게 단순하지 않다. 모든 장기와 신경, 혈류가 뇌와 연결되어 유기적으로 움직인다. 현대 과학이 아무리 발전해도 하나님의 놀라운 창조의 역사를 1%도 흉내 낼 수 없다. 나는 절대로 현대 의학을 비판하지 않는다. 다 하나님이 주신 것으로 믿는다. 이 세상의 모든 학문에서 유익한 부분을 활용하여 사용하는 것이 하나님의 뜻이 아니겠는가.

다만 나는 창조론만이 우리 몸의 질병을 이해하는 원리라고 본다. 집회 때마다 나는 의사가 아니라고 강조해 말한다. 수많은 의사 앞에서도 당당히 하나님의 창조 원리를 전할 수 있는 이유가 바로 여기에 있다. 내가 교정 사역을 하는 것은, 창조론에 근거한 치료와 운동을 통해 수많은 사람이 회복되는 걸 보았기 때문이다. 의학적으로 보면 수많은 임상 사례를 가지고 있는 셈이다.

앞서 말했듯이 하나님은 우리 몸을 머리끝부터 발끝까지 유기적으로 연결된 완전체로 창조하셨다. 그래서 어느 한 부분만을 떼어 내어 설명할 수 없다. 손가락이 아프면 온몸이 다 아픈 것이다. 나는 맹장을 수술한 뒤 신장과 방광이 약해졌다. 알고 보니 맹장과 신장, 방광이 하나로 연결되어 있는데, 하나를 떼어 냈으니 문제가 생기는 것은 당연했다.

여성들 중에도 난소나 자궁을 절제한 뒤 신장과 방광에 문제가 생긴 사람들이 더러 있다. 우리 몸의 장기가 하나도 따로 떨어져서 존재하는 것이 없기 때문이다. 간은 물론 심장, 비장, 폐, 신장 등을 떼 내면 몸 안에 생명선이 끊어진다. 우리 몸에는 발과 손에서 나오는 경락이 연결되어 있다. 그래서 수술 후에 언제나 후유증이 있는 것이다. 수술하고 나면 연결 부위에 병이 오는 걸 피할 수 없다. 현대 의학은 아픈 부위만 고친다. 그런데 하나님은 아픈 원인을 알고 치료하면 낫게 하신다. 지금부터는 신체 부위별로 설명하려 한다.

현맥 주도형

현맥은 간장과 담낭과 관련이 있다. 간장과 담낭은 부수적으로 소화 기관에 영향을 주는 장기다. 소장, 혈관, 위, 대장, 방광 등에 영향을 준다. 간장과 담낭이 제 기능을 못하면 몸에서 산이 부족해진다. 그러면 입에 백태가 끼고 입이 쓰니 식욕이 감퇴하며 소화 기능도 약해진다. 소화가 힘들면 위장 근육이 긴장되어 뇌에서는 구토를 유발한다. 입덧할 때 구토하는 건 신맛이 필요하기 때문이다. 그래서 임신하면 "신 것이 먹고 싶다."라고 한다.

간장과 담낭에 이상이 생기면 주로 눈으로 나타난다. 결막염 등 여러 가지 눈병이 발병한다. 다래끼가 나거나 찬바람을 맞으면 눈이 시고 눈물이 난다. 어르신들이 "나이 드니 자꾸 눈물이 나네." 하면서 손수건으로 자꾸 눈을 훔치는데, 이는 간장과 담낭이 약해지기 때문이다. 그리고 눈 옆 관자놀이 부위가 아프다. 즉 편두통이 생긴다. 같은 경락이 지나가기 때문이다. 그밖에도 간장과 담낭에 이상이 오면 결벽증, 근육 경련, 간염, 간경화 등의 증상이 나타난다.

간장과 담낭이 허약해 병이 들면 자꾸 약이 오르고 심술이 난다. 몸의 근육이 긴장되면서 마음도 편안하지 않으니 목청이 커진다. 작은 일에도 화를 내며 신경질적인 어투로 말하게 된다. 나이 들면 간이 약해지니까 자꾸 목소리를 크게 낸다. 그런데 아직 젊은 나이인데 목소리를 유독 크게 내는 사람이 있다. 간이 안 좋은 사람이다.

천상의 소리는 솔이다. 말하는 사람, 듣는 사람 다 편안하다. 성경은 "크게 소리쳐 기도하라."고 하지만 나는 크게 소리쳐 기도하다가 '솔' 정도의 톤으로 내려오라고 권하고 싶다. 가만 보면 큰소리로 기도를 오래 하는 사람일수록 성격 좋은 사람이 드물다. 간이 안 좋으면 목소리를 크게 내는데 건강을 잃으면 성령의 능력도 사라진다. 성도가 건강해야 하는 이유다. 나는 평소에도 큰소리를 내지 않고, 집회할 때도 '솔' 톤으로 말한다. 나도 편안하고 듣는 사람도 편안하다.

오장은 얼굴로 나타난다. 간장과 담낭이 약한 사람은 얼굴이 푸르스름하다. 심장과 소장이 약하면 얼굴이 붉다. 비장과 위장이 약한 사람은 얼굴이 누렇다. 폐와 대장이 약한 사람은 얼굴이 허옇다. 신장과 방광이 안 좋은 사람은 얼굴이 거무스름하다.

집안마다 가족력이라는 것이 있다. 가족력 얘기를 하다 보면

끝도 없이 이야기가 이어진다.

"목사님, 우리 집은 대대로 간이 안 좋아요. 큰 아버지, 작은 아버지 다 간암으로 돌아가셨고, 우리 아버지도 간염을 앓아서 얼마나 신경이 쓰이는지 몰라요."

"가족력이 있어서 단 걸 아예 안 먹어요. 전 특별히 조심해야 하거든요."

"우리 시댁에는 암 유전자가 있어요. 대대로 암이에요."

이런 무시무시한 말들을 아무렇지도 않게 한다. 그런데 하나님의 창조 원리로 볼 때 적절치 않은 말이다. 요점은 강한 것 때문에 죽는다는 것이다. 그리스도의 자녀로서 우리는 '가족력', '유전'이라고 이해하기보다는, 똑같은 음식을 먹고 살기 때문이라고 생각해야 한다.

간장과 담낭은 신맛, 구수하고 고소한 맛, 노린내 나는 맛, 푸른 색 음식을 좋아한다. 그래서 현맥 주도형인 사람은 신맛이 나는 음식을 먹는 것이 좋다. 곡류는 메밀, 밀, 보리, 팥, 완두콩이 좋고, 과일은 귤, 딸기, 매실, 사과, 키위, 레몬, 포도 등을 먹는 것이 좋다. 야채는 부추, 신 김치류, 동치미가 좋고, 육류는 닭고기,

계란, 동물의 간이나 쓸개 등이 좋다. 신맛을 내는 식초를 곁들여 먹으면 건강을 잘 유지할 수 있다.

구맥 주도형

심장과 소장이 약한 사람들은 얼굴이 대체로 불그스름하다.

"열이 많아서 얼굴이 붉어요."

그 말이 맞다. 그런데 어디에 열이 나는지는 잘 모른다. 심장과 소장에서 열이 나는 것이다. 심장과 소장의 이상 여부는 얼굴 중에서 특히 혀를 보면 알 수 있다. 조금만 피곤하면 혀가 갈라지거나 혓바늘이 잘 돋는다. 이들은 땀이 과할 정도로 많고 때로는 비 오듯 흘린다. 가슴에 통증을 자주 경험한다. 목이 자주 마르고, 어깨통이나 좌골 신경통이 있다. 얼굴과 눈이 붉고 가슴 두근거림을 자주 느낀다. 심장성 고혈압, 심장 판막증, 심근 경색 등을 주의해야 한다.

하나님은 우리에게 강함도 주시지만 때론 약함도 주신다. 세상 사람들은 반드시 강해야 한다고 주장하지만, 그리스도인은 약함 속에서 지혜를 얻는다. 건강도 마찬가지다. 약할 때 내 몸의 상태를 정확히 알 수 있다.

> "나에게 이르시기를 내 은혜가 네게 족하도다 이는 내 능력이 약한 데서 온전하여짐이라 하신지라 그러므로 도리어 크게 기뻐함으로 나의 여러 약한 것들에 대하여 자랑하리니 이는 그리스도의 능력이 내게 머물게 하려 함이라" 고린도후서 12:9

심장병을 앓고 있는 사람들은 대체로 소스라치게 놀라는 꿈이나 끔찍하게 죽는 꿈을 많이 꾼다. 자다가 화장실 다녀와도 꾸던 꿈을 연결해서 꾼다. "목사님, 제가 꿈을 꿨는데" 하면서 종종 꿈 얘기를 하는 사람, 꿈에서 계시를 받았다고 말하는 사람 중에는 구맥 주도형이 많다. 꿈은 피곤할 때 많이 꾼다. 나 역시 피곤하면 꿈을 꾸고, 꿈속에서 쫓겨 다니기도 한다. 그런데 감리교 창시자인 존 웨슬리는 "꿈 중에 1%만이 영몽이다. 하지만 나는 그 1%도 버리겠다."라고 말했다. 꿈꾼 얘기는 될 수 있으면 혼자 간직하라고 권하고 싶다.

우리는 하나님의 창조 원리에 의해, 스스로 자신의 몸을 고쳐야 한다. 우리 몸은 원상태로 돌아가려 하는 성질이 있다. 교정치료를 받았다 해도 네 가지 운동을 통해 꾸준히 건강을 유지해야 한다. 영성도 마찬가지다. 오늘 은혜받았다고 그 은혜가 죽을 때까지 유지되는 것은 아니다. 건강한 그리스도의 삶은 날마다 하나님의 은혜를 사모하고 그 은혜가 나를 지배하도록 노력할 때 가능하다.

심장과 소장은 쓴맛을 좋아한다. 단내 나는 맛, 불내 나는 맛, 붉은색 음식이 좋다. 피곤하면 혀가 갈라지는 사람을 만나면 나는 75% 이상인 카카오 초콜릿을 사두고 저녁에 하나씩 먹으라고 권한다. 심장이 약한 사람들은 작은 일에도 놀라서 딸꾹질을 한다. 그럴 때도 카카오를 먹는 것이 좋다. 심장 수술을 받으면 며칠씩 딸꾹질을 한다. 이상한 것이 아니다. 딸꾹질도 다 심장에서 오는 것이다.

심장과 소장은 얼굴에 붉은색으로 나타난다. 도둑질을 했거나. 조급해서 심장이 뛰면 얼굴이 붉어진다. 얼굴이 붉은 사람을 보고 "혈색 좋네."라고 말하는데 나는 그렇게 보지 않는다. "심혈관에 병이 있는 것 같네."라고 말해 준다.

이렇게 얼굴이 붉고 심장이 약한 구맥 주도형은 수수나 붉은팥 같은 곡류가 몸에 좋다. 살구, 자몽 같은 쓴맛 나는 과일은 심장과 소장을 튼튼하게 해준다. 채소 중에는 풋고추, 근대, 냉이, 상추, 쑥갓, 케일, 치커리, 고들빼기가 좋다. 그래서 심장이 약한 사람은 여름철에 수수밥에 고들빼기랑 쌈을 싸서 먹으면 맛도 좋고 건강에도 유익하다. 육류는 염소, 칠면조, 메뚜기, 동물의 심장, 곱창, 순대 등이 잘 맞다. 더덕이나 도라지 같은 뿌리채소도 몸에 좋다. 차를 마실 때는 홍차, 커피, 코코아 등이 잘 맞다. 작설차,

영지차, 쑥차, 우롱차 등 한방차도 좋다.

홍맥 주도형

"비위가 약하다"라는 말을 자주 하는데, 비위는 비장과 위장을 의미한다. 비장과 위장의 상태는 입술을 보면 알 수 있다. 피곤하면 입술이 터지는 사람은 비장과 위장이 약한 사람이다. 비장과 위장에 이상이 생기면 무릎 통증, 앞머리 두통, 비만, 속 쓰림 등이 나타난다. 홍맥 주도형인 사람은 위궤양, 위암, 위 무력증, 위하수, 당뇨 등에 걸리지 않도록 주의해야 한다. 또한 비장과 위장은 황색으로 나타나는데, 밥 먹고 체하거나 위에 문제가 있으면 얼굴이 누렇게 뜬다.

비위 약한 사람들은 생각이 많다. 이들은 부정적인 생각을 많이 한다. 홍맥 주도형인 여자는 반드시 결혼하기를 권한다. 요즘은 만혼이 유행이고 결혼하지 않고 독신주의를 고집하는 사람도 많지만, 나이 들면 우울증이 오기 쉽다. 그래서 나는 나이 들어 결혼 안 한 처녀 총각들에게는 "아무나 골라 결혼해!"라고 말한다. 우울증에 걸리는 것보다 조금 속 끓이며 사는 것이 낫기 때문이다. 건강하게 인생을 사는 길이다.

비장, 위장이 약하다면 단맛 나는 음식을 먹어야 좋다. 아울러 향내 나는 맛, 군내 나는 맛도 좋다. 비위 약한 사람은 얼굴이 누렇게 뜬다. 그래서 노란색 음식이 몸에 맞는다. 내가 홍맥 주도형이다. 그래서인지 노란색을 무척 좋아한다. 나는 아침마다 흑설탕을 따뜻한 물에 타서 한 잔씩 마신다. 홍맥 주도형은 흑설탕이나 엿, 꿀 등이 몸에 맞다. 흑설탕 대신 비정제 설탕을 마시는 것도 좋다. "설탕을 먹으라고요?" 하면서 깜짝 놀라는 사람도 있을 것이다. 설탕 많이 먹으면 당뇨 걸린다는 속설 때문이다. 하지만 당뇨는 설탕을 많이 먹어서 생기는 질병이 아니다. 그리고 기장쌀이나 찹쌀로 밥을 해먹으면 좋고, 호박이나 대추, 감, 바나나, 참외, 망고 등 단맛 나는 황색 과일이 몸에 좋다. 여름철에는 야채를 많이 섭취하는 것이 좋은데, 미나리, 시금치, 당근, 청경채, 호박잎, 양배추 등이 잘 맞는다. 고구마나 칡뿌리, 연근 등의 뿌리채소와, 고기 중에는 쇠고기가 몸에 잘 맞는다.

모맥 주도형

폐와 대장의 상태는 코를 통해 나타난다. 모맥 주도형은 축농증, 비염에 걸린 사람들이 많다. 그런데 축농증은 수술한다고 완전히 낫기는 힘든 질환이다. 모맥 주도형은 피부가 거칠고 얼굴에 트러블이 자주 일어난다. 또 폐와 대장에 문제가 생기면, 손목과 팔뚝, 어깨에 통증이 오고 피부병, 코피, 콧물, 기침으로 나타난다. 변비나 치질, 치루도 생긴다. 모맥 주도형인 사람은 집안에 폐병, 폐암, 대장 무력증, 직장암 등에 걸린 사람이 많다. 자신도 폐 질환에 걸리지 않도록 주의해야 한다. 폐와 대장은 흰색으로 나타난다. 얼굴이 창백한 사람은 폐와 대장이 약한 것이다.

폐와 대장이 약한 사람은 대체로 눈물이 많다. 텔레비전 드라마만 봐도 울고, 음악을 듣다가도 운다. 한 성도가 시험이 들어 주일 예배에 연거푸 결석했다. 그래서 심방을 갔다. 그런데 나를 보자마자 막 우는 것이다. 마음의 상처를 어루만지는 말씀을 전하고 "변화된 줄 믿습니다!" 하고 강하게 기도해 줬다. 그런데 워낙 눈물이 많아 만날 때마다 우는 것이다. 알고 보니 폐가 약한 사람이었다.

은혜받아 흘리는 눈물은 값지다. 하지만 눈물만 보고 속지 말자. 사람은 쉽게 변하지 않는다. 예수님이 내 안에 오셔서 나를 지배해 줄 때에만 변화된다. 존 웨슬리가 이런 말을 했다.

"하나님이 먼저 우리를 100% 사랑하셨기에, 우리도 하나님을 100% 사랑해야 한다."

하나님은 우리 인간을 100% 사랑하신다. 100%란 더할 나위 없는 완벽을 나타낸다. 그렇다면 나는 하나님을 100% 사랑하고 있는가? 눈물에 속으면 안 된다. 자신도 은혜받았다고 믿게 된다. 어떤 사람은 교회에 와 앉기만 해도 눈물이 나는데, 어떤 사람은 쉽사리 눈물이 나지 않는다. 눈물은 은혜의 잣대가 될 수 없다. 내가 하나님 앞에 진심으로 기도한 그 영성이, 진짜 영성이라는 사실을 잊지 말라. 나는 눈물이 안 나온다고 염려하지도 말자.

폐, 대장은 매운 맛을 강하게 느낀다. 비린내 나는 맛, 화한 맛, 흰색 음식을 좋아한다. 감기 몸살 걸렸을 때 얼큰한 매운탕 한 그릇 먹으면 코가 뻥 뚫리는 걸 경험한다. 몸에 좋은 곡류는 현미와 율무다. 과일은 배와 복숭아, 계피, 야채 중에는 달래, 양파, 무, 배추, 피망 등이 잘 맞다. 고기는 조개류나 비린 생선, 생선회, 멸치, 동물의 허파나 대장이 좋다. 음식에 고추나 후추, 생강, 고추장, 겨자 등을 뿌려 먹는 것을 즐긴다. 차를 마실 때도 생강차, 율무차, 수정과, 쌍화차 등을 마시면 좋다.

석맥 주도형

신장과 방광은 귀로 온다. 이석이나 귀 밑이 갈라진다면, 신장과 방광의 이상이 온 것은 아닌지 의심해 봐야 한다. 석맥 주도형인 사람은 식욕 부진, 후두통, 중이염, 이명, 대머리 등이 잘 나타나며, 가족 중에 고혈압, 신부전증, 신장암, 방광암, 골수염이 있으면 특별히 주의해서 건강을 관리해야 한다.

　신장과 방광이 안 좋으면 자꾸 짜게 먹는다. 노인 중에 신장과 방광이 약해져서 짜게 먹는 사람들이 있다. 또한 신장과 방광은 머리털을 주관한다. 흰머리나 대머리는 신장과 방광이 약하기 때문에 생긴다. 나는 젊은 시절에 흰머리가 많아서 콤플렉스였다. 결혼식 할 때 머리를 염색했을 정도다. 오히려 지금은 흰머리가 없다. 간식으로 늘 검은 콩을 먹었는데 아마 이것에 영향을 받지 않았나 생각한다. 신장과 방광은 검정색으로 나타난다. 신장과 방광이 병 들면 얼굴이 검다. 또한 검정색 음식이 몸에 맞다. 흑미, 흑태, 쥐눈이콩, 약콩, 밤이 몸에 좋다. 과일은 수박이, 야채는 미역, 다시마, 톳, 김, 파래 등이 잘 맞는다. 육류는 돼지고기와 젓갈류와, 오징어, 해삼, 굴, 홍합 같은 어류도 몸에 좋다. 콩을 이용한 두부, 두유, 콩잎차도 건강을 유지하는 데 도움이 된다.

삼맥 주도형

　삼맥은 심포와 삼초다. 심포는 들어오는 것이고 삼초는 나가는 것을 말한다. 동의학에서 심포는 심장이 제 역할을 하도록 돕고, 삼초는 흉부, 복부, 하복부 등으로 소화와 배설을 관할한다고 설명한다. 마음도 여기에 속한다. 심포, 삼초가 병들면 초조하고 불안감을 느끼며 손바닥이 뜨겁거나 차지고, 땀이 난다. 신체적으로는 꼬리뼈와 허리 밑에 통증이 생기기도 하며, 각종 신경성 질환에 걸린다. 스트레스를 많이 받으면 어깨가 무겁고 손바닥이 저리며 모든 관절이 아프다. 전립선염도 걸린다.

심포, 삼초가 약하면 떫은맛을 먹어야 한다. 옥수수, 녹두, 조, 메밀 등의 곡류와, 토마토, 바나나, 떫은 감, 무화과 같은 과일, 오이, 가지, 콩나물, 고사리, 양배추, 브로콜리 등의 야채가 체질에 맞다. 감자, 도토리, 토란, 당근 등 뿌리채소도 잘 맞다.

육류를 먹을 때는 양고기, 오리고기를 먹으면 속이 편하고, 건강을 위해 키토산, 로얄 젤리, 알로에를 섭취하고 솔잎차나 감잎차, 코코아, 원두커피를 마시는 것도 좋다.

다시 정리하면, 간담은 신맛과 푸른색, 심장과 소장은 쓴맛과 붉은색, 비장과 위는 단맛과 황색, 폐와 대장은 매운맛과 흰색, 신장과 방광은 짠맛과 검정이다. 내 맥에서 그 맛을 더 강하게 느끼는 것이다.

내가 맛있게 느껴야 오장이 영양분을 받아들이고 튼튼해진다. 따라서 쓰게 먹어야 할 사람은 쓰게 먹고, 달게 먹어야 할 사람은 달게 먹어야 한다. 그런데 요즘은 천편일률적으로 짜게, 맵게, 달게 먹지 말라고 한다. 나는 그래서 몸에 병이 온다고 생각한다.

맥별 신체 증상과 음식 요법

현맥 | 간장과 담낭

병의 증상		결벽증, 간부위통, 얼굴 코가 청색, 닭살, 입이 쓰고 백태, 근육 경련, 쥐가 잘 나고 고관절통, 편두통, 편도선, 눈이 시고 눈물이 난다, 야위고, 잠꼬대, 이 갈고, 몽유병, 구토, 설사, 간염(A, C), 간경화, 간암, 담석증, 늑막, 경기, 사시, 가래 등
맛	목(木)	신맛, 구수하고 고소한 맛, 노린내 나는 맛, 푸른색 음식
식품	곡류	메밀, 밀, 보리, 강낭콩, 동부, 팥, 귀리, 완두콩
	과일	귤, 딸기, 포도, 모과, 사과, 앵두, 유자, 매실, 키위, 블루베리, 석류, 다래, 머루, 레몬, 체리, 파인애플, 자두, 선인장 열매
	야채	부추, 신 김치류, 깻잎, 동치미
	육류	개고기, 닭고기, 계란, 메추리, 동물 간, 쓸개
	근과	땅콩, 들깨, 참깨, 잣, 호두, 피스타치오
	조미료	식초, 건포도, 참기름, 들기름, 올리브유, 유채유, 팜유
	차류	들깨차, 녹차, 땅콩차, 오미자차, 오렌지주스, 유자차
	기타	비타민C, 피자, 스파게티, 애플파이

구맥 | 심장과 소장

병의 증상		땀이 많음, 심통, 목이 마름, 어깨통, 좌골 신경통, 말 더듬, 혀의 이상, 숨차고, 얼굴과 눈이 붉다, 하혈, 생리통, 깜짝 놀람, 가슴 두근거림, 심장성 고혈압, 얼굴 붓고, 심장판막증, 심근경색 등
맛	화(火)	쓴맛, 단내 나는 맛, 불내 나는 맛, 붉은색 음식
식품	곡류	수수, 붉은 팥
	과일	살구, 하귤, 붕깡, 은행, 자몽, 해바라기씨, 당유자, 살구씨
	야채	풋고추, 근대, 냉이, 상추, 쑥갓, 셀러리, 냉이, 씀바귀, 고추나물, 쑥, 고들빼기, 익모초, 비트, 유채나물, 아스파라거스, 양상치, 영지, 케일, 치커리, 각종 산나물
	육류	염소, 참새, 칠면조, 메뚜기, 동물의 심장, 곱창, 순대
	근과	더덕, 도라지
	차류	홍차, 작설차, 커피, 초콜릿, 영지차, 쑥차, 결명자차, 우엉차, 코코아
	기타	짜장, 면실유

홍맥 | 비장과 위장

병의 증상		무릎 시리고 통증, 앞머리 통증, 비만, 뒤꿈치 갈라짐, 하치통, 속쓰림, 위궤장, 위암, 비장암, 혀가 굳음, 위 무력, 위 처짐, 당뇨, 구안와사, 배에서 소리남, 얼굴이 누렇다, 백혈구 부족, 트림 등
맛	토(土)	단맛, 향내 나는 맛, 군내 나는 맛, 노란색 음식
식품	곡류	기장쌀, 찹쌀, 메조
	과일	대추, 감, 바나나, 비파, 참외, 망고
	야채	미나리, 시금치, 당근, 청경채, 호박잎, 수세미, 양배추, 돌나물, 호박
	육류	쇠고기, 토끼고기, 동물의 비위장 및 췌장, 미꾸라지
	조미료	시럽, 꿀, 흑설탕, 엿, 연유, 버터, 쨈, 마가린
	근과	고구마, 칡뿌리, 연근, 야콘, 으름, 인삼, 감초
	차류	인삼차, 칡차, 식혜, 구기자차, 두충차, 대추차, 감초차, 아이스크림류, 국화차, 사이다, 컴프리차

모맥 | 폐와 대장

병의 증상		재채기, 손목 팔뚝 어깨 통증, 피부병, 상처 통증, 코피, 콧물, 비염, 축농증, 기침, 천식, 가슴 팽만감, 변비, 치루, 아랫배에 소리남, 폐병, 폐암, 폐 수축, 대장 무력, 직장암 등
맛	금(金)	매운맛, 비린내 나는 맛, 화한 맛, 흰색 음식
식품	곡류	현미, 율무
	과일	배, 복숭아, 계피
	야채	파, 마늘, 달래, 양파, 무, 배추, 피망, 원추리, 이질풀, 머위, 신선초
	육류	말고기, 조개류, 생선 중 비린 것, 생선회, 동물의 허파, 대장, 멸치
	조미료	박하, 고추, 후추, 생강, 카레, 칠리소스, 고추장, 겨자, 고추냉이
	차류	생강차, 율무차, 수정과, 쌍화차
	기타	우유, 어묵, 아구찜, 박하사탕

PART 5 체질에 따른 섭생법

석맥 | 신장과 방광

병의 증상		얼굴 검은색, 식욕 부진, 하품 잘 나옴, 후두통, 오금 및 종아리통, 소변빈삭, 중이염, 눈알이 빠질 듯함, 이명, 침 흘림, 요통, 고혈압, 신부전증, 신장암, 방광암, 골수염, 부신 피질의 병, 근시, 원시, 대머리 등
맛		수(水) 짠맛, 검정색 음식, 부패한 음식 냄새
식품	곡류	흑미, 두류, 흑태, 서목태(쥐눈이콩, 약콩)
	과일	수박, 밤
	야채	미역, 다시마, 톳, 김, 콩잎, 파래, 함초, 청각, 클로렐라
	육류	돼지고기, 개구리, 젓갈류, 햄류, 장조림, 오골계, 자라, 고래고기, 지렁이, 굼뱅이
	어류	오징어, 해삼, 굴, 어류의 알, 홍합, 멸치, 새우
	근과	마
	조미료	소금, 된장, 간장, 막장, 죽염, 청국장
	차류	두향차, 베지밀, 두유, 다시마차, 오가피차
	기타	두부, 비지, 콩잎장아찌, 마늘장아찌, 짠지류, 오이지, 치즈

삽맥 | 심포와 삼초

병의 증상		손바닥이 뜨겁거나 차고, 땀 나고, 피부 습진, 심계 항진, 한열왕래, 목이 붓고, 임파액 뭉치고, 갈증, 눈썹 주위 통증, 꼬리뼈 통증, 허리 밑 통증, 소변곤란, 생리 불순, 각종 신경성 질환, 어깨 무겁고 손바닥 저림, 통증 및 저림이 옮겨 다님, 협심증, 관절염, 전립선의 병, 혈소판 부족
맛	상화(相火)	떫은 맛, 담백한 맛, 아린 맛, 생내 나는 음식, 무미 식품
식품	곡류	옥수수, 녹두, 조, 차조, 메밀
	과일	바나나, 감, 곶감, 비파, 으름, 무화과, 버찌, 아몬드
	야채	오이, 가지, 콩나물, 고사리, 양배추, 우엉, 각종 버섯, 우무, 동충하초, 아가리쿠스버섯, 상황버섯, 숙주, 두릅, 브로콜리, 토마토
	육류	양고기, 오리고기, 오리알, 번데기, 장어, 게
	근과	감자, 도토리, 토란, 죽순, 당근, 비자(너트맥)
	차류	요구르트, 솔잎차, 감잎차, 코코아, 원두커피, 이온음료
	기타	북어, 키토산, 타닌, 로열 젤리, 알로에, 송화 가루, 화분, 마요네즈, 케찹, 콘샐러드, 옥수수기름, 율피

PART 6

스스로 병을 고친 사람들

내 이름을 경외하는 너희에게는 공의로운 해가 떠올라서
치료하는 광선을 비추리니 너희가 나가서
외양간에서 나온 송아지 같이 뛰리라
말라기 4:2

허리 디스크를 고쳤어요!

교정 운동을 한 다음에는 반드시 찬물로 샤워해야 한다. 따뜻한 물로 샤워를 하면 몸에 열이 나기 때문에 자칫 몸살로 이어질 수 있다.

"아이고, 소용없더라. 다 소용없어!"

그런데 안타깝게도 교정 치료를 받고 나서 한참 뒤에 꼭 이렇게 말하는 사람들이 있다. 교정 치료로 틀어진 뼈를 제자리에 가도록 맞추었다면, 그다음부터는 스스로 운동해서 건강을 유지해야 한다. 뼈는 제자리로 돌아가려는 성질이 있다. 운동으로 유지하지 않으면 다시 틀어지고 통증이 온다. 그러면 어떤 사람들은 부정적인 이야기를 한다.

"김 집사, 노완우 목사가 알려 준 대로 했는데 소용없어. 다시 아파."
"어떻게 했는데? 네 가지 운동 했어?"
"아니! 힘들어서 못했어."

또 아프다는 것은 "운동을 안 했다."는 말의 다른 표현이다. 그게 아니면 하나님이 창조하신 인간이 아닌 것이다. 아침, 점심, 저녁 어느 때고 시간 날 때마다 네 가지 교정 운동을 해야 한다.
구르기는 하체 교정이다. 엉치뼈에 목침 대고 눕기는 엉치뼈가 빠진 걸 교정하는 운동이다. 등을 교정하는 것은 7번 흉추에 목침을 대는 운동이다. 걷기는 그 모든 걸 머리에 입력시키는 운동이다. 네 가지 운동을 꾸준히 하면 놀라운 일이 벌어진다.
몇 년 전에 북경 21세기교회에 다니는 종철수 장로님이 나를 찾아왔다. 그는 대학병원에서 허리 수술을 받을 예정이었다. 검사일이 안 맞아 열흘 뒤에 다시 오기로 하고 북경으로 돌아갔다. 그런데 장로님이 영안교회 박정근 목사님을 만났을 때, "허리는 수술하지 마라. 노완우 목사가 지금 부산에서 집회를 하고 있으니 거기 가봐라."라는 말을 듣고 나를 찾아왔다. 처음 만났을 때 그는 걷지도 못할 정도로 심각했다. 몸이 완전히 휘어져서 교정 치료를 두 번이나 해줬다.

"운동 열심히 해서 회복시키세요." 하고 헤어졌는데 한 달 반 뒤에 연락이 왔다.

"목사님, 너무 아파 대학병원에서 수술하려고 했는데 목사님 덕분에 90% 정도 나았어요. 북경 21세기교회에 오셔서 집회를 좀 해주세요. 목사님이 올 때까지 완벽한 몸을 만들어서 보여드릴게요."

집회 때 만났을 때는 걷지도 못하던 그가 다시 만났을 땐 건강을 되찾아 골프까지 할 수 있을 정도라고 자랑했다. 그가 말했다.

"병원에서 그러더군요. '수술해도 당신은 장애인을 벗어날 수 없습니다. 그러나 고통만이라도 없애 줄 테니 수술하세요.' 그때는 희망이 없었어요. 마음이 무너지는 것 같았습니다. 지푸라기라도 잡는 심정으로 목사님께서 가르쳐 주신 운동을 열심히 한 거예요."

그는 중국 북경에서 '전주집'이라는 식당을 경영하고 있다. 그가 내 손을 잡고 말했다.

"1년에 일주일씩만 중국에 오세요. 평생 섬기고 싶습니다."

그리고 북경 21세기교회에서 부목사님을 만났는데 얼핏 보기에도 몸무게가 100킬로그램은 넘어 보였다. 그 정도로 살이 찌면 없던 병도 생긴다. 건강하려면 살부터 빼야 한다. 그래서 내가 엄포를 놓았다.

"부목사님, 네 가지 교정 운동 열심히 하셔야겠어요. 내년에 제가 다시 올 거예요. 그때까지 살을 못 빼면 목회 그만두는 걸로 저랑 약속하자고요!"

그다음 해에 북경에 집회를 하러 갔는데, 내가 부목사님을 못 알아 봤다. 살이 27킬로그램이나 빠졌으니 알아보기가 쉽지 않았던 것이다. 나는 그가 딴 사람인 줄 알았다. 그토록 강하게 엄포를 놓으면서도 못 알아볼 정도니, 부목사님이 얼마나 날씬해졌는지 상상할 수 있을 것이다. 그가 이렇게 말했다.

"목사님, 교정 운동하고 처음에는 한 달에 5킬로그램씩 빠져서 큰 병에 걸린 줄 알았어요. 이렇게 살이 잘 빠질 줄은 꿈에도 몰랐어요. 네 가지 운동을 하니 살만 빠진 것이 아니라, 몸도 전보다 훨씬 건강해졌습니다. 몇 년은 젊어진 것 같아요."

갑상선 질환과 고도 비만도 운동하면 다 치료된다. 척추 디스크와 무릎 관절로 고통받는 수많은 성도들이 네 가지 교정 운동만으로 건강을 회복했다. 그런데 구슬이 아무리 많아도 꿰어야 보배가 된다. 백 번을 들으면 뭐하는가. 운동 한 번을 안 하는데 말이다. 그야말로 소귀에 경 읽기다. 내가 수많은 교회에 집회를 다니고, 교정 사역을 하고 있지만, 집회가 끝난 뒤에 교인 중에 10%만 운동을 실천해도 훌륭한 교회다. 나는 매년 같은 교회에 가도 상관없으리라 생각한다. 교정 운동의 효과를 아무리 이야기해도 워낙 운동을 안 하기 때문이다.

공황 장애가 없어졌어요!

교정 운동은 현대인에게 찾아오는 마음의 병도 치료한다. 우리 몸은 알게 모르게 스트레스를 받는다. 성격이 소심하고 내성적인 사람이 마음의 병에 잘 걸릴 것 같지만, 성격이 호탕한 사람도 우울증, 공황 장애를 겪을 수 있다.

화정 성광교회 유관재 목사님을 처음 만난 것은 목사님을 대상으로 한 건강 강좌에서다. 하나님 종이라고 아픈 곳이 없으리라 생각하면 오해다. 인간은 누구든 신체적 아픔을 겪는다. 하지만 건강한 몸을 유지할 수 있는 운동법이 있으니 얼마나 다행인가. 그때 나는 교정 치료와 네 가지 교정 운동에 관해 목사님들 앞에서 강의했다. 그런데 강의가 끝나자마자 "목사님, 저부터 좀 치료해 주세요." 하며 용기 있게 나선 사람이 바로 유관재 목사다.

나는 사람을 볼 때 얼굴부터 본다. 얼굴에 모든 건강 상태가 드러나기 때문이다. 그의 얼굴은 붉으락푸르락했다. 오장육부가 다 안 좋았고 혈압, 불면증 등을 앓고 있었다. 게다가 똑바로 앉지도 못할 지경이었다. 교정 치료를 받은 뒤, 3주 정도 뒤에 유 목사님에게 전화가 걸려 왔다.

"목사님, 아픈 것이 다 없어졌어요. 단지 목사님이 알려주신 네 가지 운동을 열심히 했을 뿐인데요 정말 효과가 놀랍습니다."

유 목사님은 교정 치료를 배웠고, 지금도 항상 목침을 들고 다니면서 시간만 나면 운동한다. 한 번은 전화가 왔다.

"여섯 번 시차가 바뀌었는데 내가 시차 적응하는 데 어려움을 못 느껴요."

미국에 갔다 와도 다음날 바로 설교한다. 공항에서도, 화장실에서도 누울 곳만 있으면 운동한다. 지독하게 운동한 만큼 건강해졌다. 그리고 교회가 성도의 영과 육을 책임져야 한다는 나의 말에 뜻을 같이하여 교정 사역에 앞장서고 있다.

아울러, 유관재 목사님의 사모님은 불현듯 찾아온 공황 장애로 한때 어려움을 겪었다. 어느 날 목사님과 함께 비행기를 탔는데 꼭 죽을 것만 같은 공포를 느꼈다고 한다.

"여보, 나 지금 숨이 막혀 죽을 것만 같아요. 너무 괴로워요."

라며 울부짖자, 목사님은 스튜어디스에게 말해 급기야 비행기가 회항했다. 승객들은 원망의 눈초리로 사모님을 바라보았다.

"멀쩡하게 생겨 가지고, 쯧쯧."

비행기에서 내려 긴 한숨을 내쉬고 한참이 지난 뒤에야 공포에서 벗어날 수 있었다. 병원에 가니 공황 장애라는 진단이 내려졌다. 늘 밝고 긍정적인 성격이었으니 청천벽력 같은 소식이 아닐 수 없었다. 하나님께 새벽마다 엎드려 기도하는 것은 기본이고, 네 가지 교정 운동과 도리도리, 발목 펌프를 열심히 하면서 회복되기를 기다렸다. 여러 차례 비행기를 타려다 포기한 끝에, 고통스럽지만 참을 수 있는 단계에 이르렀고, 몇 년이 흐른 지금은 비행기를 타는 데 전혀 어려움이 없다.

목사님과 사모님이 고침 받은 뒤, 성광교회에서는 치유 사역팀이 운영되고 있다. 성도는 물론 지역 사회의 잃어버린 양들을 위해 교정 사역에 힘쓰고 있다.

불임이 치료되다

어느 날 대전 중문교회 장경동 목사님에게 전화가 왔다.

"우리 교회 이형대 목사님이 결혼하고 십 년이 넘도록 아기가 없어요. 목사님이 치료해 주면 좋겠어요."

이형대 목사님과 사모님을 만났다. 결혼한 지 십 년간 아이가 없었으니 얼마나 가슴앓이를 했을까.

인간은 하나님이 만드신 완전한 피조물이다. 완벽한 작품이라는 말이다. 하지만 우리가 잘못 관리해서 건강하지 못한 육체가 된다. 기도하며 기다렸을 목사님과 사모님을 위해 나는 기도하고 교정 치료를 해주었다. 아울러 네 가지 교정 운동을 열심히 하라고 일러 주었다.

불임은 고관절이 틀어져 치골이 안쪽으로 들어간 것이 원인이다. 구르기 운동을 하고, 엉치뼈에 목침을 대어 엉치뼈가 제자리를 찾으면 자궁, 난소가 제 기능을 회복한다.

얼마 뒤 목사님이 소식을 전해왔다.

"목사님, 하나님께서 태를 열어 주셨어요."

결혼 십 년 만에 자연 임신을 한 것이다.

요즘은 불임 인구가 많아져서 인공 수정 또는 시험관 아기 시술을 많이 받는다. 이는 난소를 자극하는 호르몬을 과다 투입해서 한 번에 수많은 난자가 나오게 하는 것이다. 여자의 난소에서는 한 달에 한 개의 난자가 나오게 돼 있다. 그런데 호르몬을 투여해 적게는 10개, 많게는 20개가 넘는 난자가 한 번에 나온다.

또한 시험관 시술은 난소에 구멍을 내서 난자를 채취하는 과정을 겪어야 한다. 채취 이후 부작용으로 복수가 차는 사람도 있다. 또한 그렇게 임신이 된다고 해도 임신 기간 동안 유산이 되거나 조기 양막 파수, 조산의 위험으로부터 자유로울 수 없다. 그런 면에서 자연 임신은 하나님이 인간에게 허락하신 축복이다.

이형대 목사님 부부가 출산한 지 어느덧 18개월이 됐다. 이제는 둘째 아이를 갖고자 노력하고 있다. 이렇듯 하나님은 틀어진 몸을 바로 세우면 모든 것을 회복시키신다.

이 아이가 걸을 수만 있다면

인체의 원리는 자세다. 말씀 앞에 서 있는 자세와 내가 선 자세가 같다. 두 다리가 틀어지면 병이 온다. 무조건 몸을 바로 세워야 한다. 네 가지 교정 운동이야말로 몸을 바로 세우기 위해 꼭 실천해야 한다. 걸을 때 발 앞부분으로 걷지 말고 뒤꿈치로 걷고, 아이들은 보행기에 태우지 마라.

포항 기쁨의교회(박진석 목사) 집회 때 성도 중 한 명이 7살 정도 된 여자아이를 데려왔다. 한눈에 보기에도 아이의 문제가 심각했다. 아이가 몸이 굽어 있었고 눈도 돌아가 있었다. 대학 병원에서 일생동안 걷지 못할 수도 있다고 했단다. 내게 엑스레이 사진까지 보여 주었다. 멀리 인천에 사는 엄마를 대신해서 이모가 아이를 집회에 데려왔다.

"목사님, 어떻게 하면 이 아이를 살릴 수 있을까요?"
"이모가 배워서 교정 치료를 해주세요."

이모가 교정 훈련을 받아 아이가 교정 운동을 할 수 있도록 도왔다. 그리고 1년 쯤 지났을 때였다. 엄마와 함께 찾아왔는데, 아이가 뛰어다니는 것이 아닌가. 아이의 해맑은 사진이 내 휴대 전화에 저장되어 있다. 가끔 몸이 아파 고통을 호소하는 환자들을 만나면 이 아이의 이야기를 들려주면서 건강을 되찾은 아이의 사진도 보여 준다. 기적이란 언제나 꿈꾸는 사람의 것이다. 기적은 거저 주어지지 않는다. 기도하면서 온 힘을 다해 노력하는 자만이 경험할 수 있다.

1년 만에 만난 아이는 나를 알아보고 인사했다. 일곱 살이 되도록 말이 어눌하던 아이가 말문이 트인 것이다. 눈도 많이 돌아왔다. 그런데 척추는 아직 완벽하게 정상으로 돌아오지 않았다. 그래도 달리고 뛰는 데 지장이 없어 보였다. 앞으로 네 가지 운동을 지속하여 정상으로 돌아오기를 기도해 주었다. 엄마를 대신해 아이를 집회에 데려왔던 이모는 "이 아이만 걸을 수 있으면 일생 동안 하나님께 헌신하겠다."라고 서원한 것을 지키기 위해 신학교에 들어갔다. 그리고 지금은 사역하고 있다.

"내 이름을 경외하는 너희에게는 공의로운 해가 떠올라서 치료하는 광선을 비추리니 너희가 나가서 외양간에서 나온 송아지 같이 뛰리라" 말라기 4:2

네 가지 교정 운동을 하면, 우리 몸이 바로 서고 오장육부가 튼튼해지며 각종 질병이 사라지는 놀라운 역사가 일어난다. 설교 듣고 아무리 은혜받아도 순종하지 않으면 소용없다. 구르기 30~40회 하는 데 1분도 안 걸린다. 엉치뼈에 목침 대기는 2분만 하는 것이다. 2분 이상 대면 허리가 굳어서 아프다. 7번 흉추에 목침 대기는 3분만 하면 된다. 이 역시 3분을 넘기면 등이 굳는다. 뇌는 그 정도로 정확하게 몸에 변화에 대해 반응한다.

한번은 익산에서 전화가 걸려 왔다.

"목사님이 가르쳐 준 운동을 했는데 더 아파요. 왜 그럴까요?"

"난 익산에는 가 본 적도 없다." 하니, "목사님의 사진이 있고, 운동하는 모습을 동영상으로 보여 주던데요."라고 했다. 집회에 와서 말씀을 들은 것도 아니고, 장사하는 사람들 얘기만 듣고 따라 한 것이었다. 이럴 때는 참으로 안타깝다.

PART 7

마음의 질환은
영적 전쟁이다

오직 성령의 열매는 사랑과 희락과 화평과 오래 참음과
자비와 양선과 충성과 온유와 절제니 이같은 것을 금지할 법이 없느니라
갈라디아서 5:22-23

우리는 빛의 자녀다

대뇌는 우리 몸을 총괄한다. 우리 몸에는 감각 수용체라는 것이 있다. 외부에서 자극이 가해지면 이를 받아들이고 중추 신경계로 흥분을 전달한다. 감각 수용체는 골격근, 관절, 인대, 뼈와 근육에 분포하고 있어서 몸의 움직임을 곧바로 대뇌에 전달한다. 그런데 우리 몸을 지배하는데 있어 대뇌는 세 가지 법칙을 가지고 있다.

첫째, 대뇌는 주어를 모른다. 기분 나쁘고 밥맛없다고 "저 사람 때문이야!"라고 하면 내 몸이 상한다. 하나님의 심판에서 가장 무서운 죄는 남 얘기하는 것이다. 하나님이 가만 내버려두지 않는다. 설사 이웃에게 허물이 있더라도 하나님은 성경을 통해 덮어주라고 말씀하신다.

"허물을 덮어 주는 자는 사랑을 구하는 자요 그것을 거듭 말하는 자는 친한 벗을 이간하는 자니라" 잠언 17:9

욥기를 보면, 신실한 하나님의 사람인 욥에게 고난이 찾아온다. 친구들은 온갖 고난을 겪고 있는 욥을 찾아와 위로한다고 하면서 인과응보이니 회개하라고 말한다.

"생각하여 보라 죄 없이 망한 자가 누구인가 정직한 자의 끊어짐이 어디 있는가 내가 보건대 악을 밭 갈고 독을 뿌리는 자는 그대로 거두나니 다 하나님의 입 기운에 멸망하고 그의 콧김에 사라지느니라" 욥기 4:7-9

친구들은 욥에게 하나님 앞에 죄를 지어 벌을 받는 것이라고 말하지만 욥은 이해하지 못한다. 그리고 이렇게 답한다.

"나의 간구를 누가 들어 줄 것이며 나의 소원을 하나님이 허락하시랴 이는 곧 나를 멸하시기를 기뻐하사 하나님이 그의 손을 들어 나를 끊어 버리실 것이라 그러할지라도 내가 오히려 위로를 받고 그칠 줄 모르는 고통 가운데서도 기뻐하는 것은 내가 거룩하신 이의 말씀을 거역하지 아니하였음이라" 욥기 6:8-10

그가 이렇게 답할 수 있었던 것은 죄 지은 것이 없기 때문이다. 오히려 세 친구에게 호통친다. 성도는 세상 사람들과 구별된 삶을 살아야 한다. 남을 나보다 낫게 여기고, 서로 사랑하며, 선으로 악을 이기고, 화목해야 한다. 그럴 때 그리스도의 향기가 나타난다. 스스로 자신을 망가뜨리지 마라. 하나님 앞에 아름다운 인생이 되어야 한다.

둘째, 대뇌는 지금밖에 모른다. 현재적 종말론이다. 시제를 모른다는 말이다. 톨스토이의 《인간은 무엇으로 사는가?》에는 수수께끼가 나오는데 "그 첫 번째로 인간에게 주어진 것이 무엇인가?(사랑) 두 번째로 인간에게 주어지지 않은 것이 무엇인가?(내일) 세 번째는 인간은 무엇으로 사는가?(사랑)"라고 했다.

우리에게는 내일이 없다. 오늘밖에 없는 것이다. 내일이 되어도 우리에게는 오늘이다. 지난 시간에 지배를 받으면 안 된다.

세 번째, 대뇌는 언어의 지배를 받는다. 그리스도의 인격은 언어에 있다. 언어가 바뀌지 않으면 변화가 없다. 예수님을 믿기 전과 후의 변화는 언어에 있다.

"나는 오늘도 행복한 인생을 살 것이다."라고 선언하자. 환경이 어려워도, 상황이 불안정해도, 처지가 누추해도 상관없다. 어떤 사람을 만나든 상관없다. 나는 행복한 인생을 살 것이기 때문이다. 기쁘지 않아도 상관없다. 나는 기쁘게 살 것이기 때문이다. 환경, 상황, 처지에 지배당하지 않는 것이 그리스도인의 믿음이다. 그런데 오늘 우리는 지배를 만들어서 받는다. 그러면 우리 대뇌는 바로 질병을 일으킨다. 아무리 아름다운 영성을 가졌어도 육체가 병들면 그 영은 함께 무너진다. 육체가 병든 사람은 날카롭고 예민하다. 마음이 너그럽기를 기대하기 힘들다. 부정적인 반응을 하면 몸이 스트레스를 받아 아드레날린이라는 매우 강한 독성 물질을 분비한다. 이는 유해 산소를 발생시킨다.

그래서 언어의 변화가 필요하다. 하나님이 주신 언어, 성령의 언어로 변화되어야 한다.

> "오직 성령의 열매는 사랑과 희락과 화평과 오래 참음과 자비와 양선과 충성과 온유와 절제니 이같은 것을 금지할 법이 없느니라"
> 갈라디아서 5:22-23

하나님이 주신 성령의 열매는 언어에 있다. 사랑도, 기쁨도, 행복도 언어다. 나는 대학원에서 조직 신학을 공부했다. 성령론을 공부하면서 성령의 열매가 언어에 있다는 걸 깨달았다. 그리고 성령 충만이 무엇인지 나중에 깨닫고 허탈했다.

"나는 성령 충만하다."라고 말할 수 있는 것이 바로 성령 충만이다. 그런데 자기가 느끼기에는 성령이 충만한 것 같지가 않다. 환상을 보는 것도 아니고, 방언도 못하니 말이다. 그래서 이렇게 말한다.

"나는 성령 충만하지 않은 거 같아."

믿음이 용기를 낳는데, 그 믿음은 언어의 능력에서 온다. 이게 창조의 원리다. 성령 충만하면 언어의 능력이 생기지만, 언어를 사용하면 성령이 충만해진다.

"예수 이름으로 원하노니, 병마야, 나갈지어다."라고 외치면 성령이 역사한다. 그런데 외치려니 주변 시선이 의식된다. 가만 생각해 보면 내가 그리 믿음이 있는 것 같지도 않고, 성령 충만한 것 같지도 않다. 그러면 이내 '이걸 외쳤다고 나을까?' 하고 스스로 의심한다. 지금 이렇게 선포하라.

"나는 행복하다. 기쁘다. 감사하다."

모든 것은 언어에 있다. 우리가 "맛있다!" 그러면 맛이 창조된다. 이것이 창조의 원리다. "행복하다!" 하면 행복이 창조되는 것이다. 따라서 하나님의 창조는 "인간을 만듦으로 마쳤다."라고 표현된다. 하나님은 우리에게 암수를 주어 종족을 만들게 하셨고, 행복의 주권도 우리에게 맡겨 놓으셨다. 우리 인생은 스스로 창조하는 것이지, 주어지는 것이 아니다.

우리의 신앙도 마찬가지다. 다윗도 기름 부음 받아서 왕이 된 것이 아니라, 스스로 고난과 역경을 극복하며 하나님의 도우심을 받고 왕의 자리를 만들어 갔다. 건강도 거저 주어지는 것이 아니라 운동을 통해 내 몸을 만들어갈 때 유지된다.

사람들이 마가 다락방에 모여 기도하니 성령의 역사가 나타났다. 그리고 나가서 복음을 증거 하니 수많은 영혼이 구원받았다. 이 역시 언어가 지닌 창조의 원리다.

"내가 천국 열쇠를 네게 주리니 네가 땅에서 무엇이든지 매면 하늘에서도 매일 것이요 네가 땅에서 무엇이든지 풀면 하늘에서도 풀리리라 하시고" 마태복음 16:19

창조의 원리를 마음속에 담아 둔 사람은 남을 나보다 낫게 여기고 소망 가운데 미래를 바라본다. 과거의 상처 때문에 자다가도 벌떡벌떡 일어나지 않는다.

믿음이 성숙하는 단계

신앙생활이 흠 없이 보존되기 위해서는 육체가 건강해야 한다. 영적 세계와 육의 세계 모두 성숙해야 건강한 것이다. 몸이 약해지면 마음도 약해진다. 그러면 젊은 시절의 패기와 신념, 추구했던 모든 것을 잃어버린다. 사람은 육체의 질병 앞에서 아무 힘도 발휘할 수 없다. 하고 싶은 일이 있어도 할 수 없게 된다.

"평안을 너희에게 끼치노니 곧 나의 평안을 너희에게 주노라 내가 너희에게 주는 것은 세상이 주는 것과 같지 아니하니라 너희는 마음에 근심하지도 말고 두려워하지도 말라" 요한복음 14:27

성도는 하나님이 주신 풍성한 은혜를 누리며 살아야 하는데, 그렇지 못한 것은 성숙하지 못하기 때문이다. 성숙은 감동과 감격을 통해 이루어지며, 감동과 감격은 육체가 받쳐 줘야 느낄 수 있다. 마음과 육체가 병들면 아무리 귀한 하나님의 말씀을 들어도 감동이 없다. 앉아 있는 것조차 힘들고 무슨 말씀을 들었는지 기억하기도 어렵다. 참 안타까운 일이다. 그러면 믿음이 성장할 수 없고, 믿음이 성장하지 못하면 작은 시험에도 넘어지고 쓰러진다. 신앙은 성장해야 한다. 그런데 신앙의 성장은 단번에 이루어지지 않고 한 단계씩 발전하는 특징이 있다.

첫 번째는 보는 단계다. 처음에 교회에 등록하고 하나님을 믿기로 작정한 새 신자는 교회에 와서 이것도 보고 저것도 보면서 은혜를 받고 시험에도 든다. 그렇게 시간이 지나면서 조금씩 성숙해진다.

두 번째는 신화론적 단계다. 율법주의가 찾아온다. 기독교는 신비의 종교지만 절대 신비주의가 아니다. 하나님은 성경을 통해

"심는 대로 거둔다."라고 말씀하신다. 신화론적 단계에서는 선악을 따지기 시작한다. 교회와 성도들을 보면서 옳고 그름의 잣대를 들이댄다.

세 번째는 말씀 단계다. 말씀을 사모하면서 그 말씀에 듬뿍 젖어든다. 주의 말씀이 내 발의 등이 되고 내 길의 빛이 되는 것이다.

네 번째는 보편적인 단계 즉 이것은 그리스도인의 지향점이다. 믿음이 성숙하지 못한 성도는 어떤 문제 앞에서 "어떻게 그럴 수가 있나?"라고 반응한다. 그러나 성숙한 성도들은 '그럴 수도 있지'라는 마음으로 모든 일을 대한다. 그러면 마음의 병이 없다.

나는 전도사 시절 인천에 있는 교회에서 시무했다. 결혼식을 올린 지 일주일 가량 지났을 때, 교회에 은혜롭지 못한 일이 벌어졌다. 감리교에는 남자 권사도 있다. 교회에 통닭집을 운영하는 권사님이 있었는데 법 없이 살 정도로 선한 분이었다. 토요일이면 종종 찾아가서 권사님이 맛있게 튀겨 주는 통닭을 먹었다. 그런데 그 권사님이 어느 날 외도를 하다가 현장에서 잡힌 것이다. 목사님의 호출을 받고 급히 경찰서로 달려가 보니 눈앞에 놀랄만한 광경이 펼쳐졌다. 법 없이 살 정도로 선한 권사님은 한구석에서 쭈그리고 앉아 있고, 아내인 집사님은 밖에서 화가 나서 욕을 하고 있었다.

"저런 인간이 권사야!"

난감한 상황을 한참 동안 지켜보던 목사님이 뜻밖의 말씀을 하셨다.

"권사님, 그리고 집사님! 그래도 두 분은 성도로서 오랫동안 신앙생활을 해왔으니 마지막으로 기도하고 결정하세요."

여자 집사님이 길길이 뛰며 목사님께 큰소리로 말했다.

"목사님! 지금 기도가 됩니까?"

여 집사님은 화가 나서 펄펄 뛰다가 힘이 딸려 주저앉았다. 목사님이 다시 한 번 이야기했다.

"집사님, 부탁드립니다. 딱 삼 일간만 금식 기도하고, 마지막 결정을 내리세요."

결국 여자 집사님은 마지못해 목사님 말씀에 순종했다. 나는 여자 집사님을 모시고 오산리 금식기도원으로 향했다. 그때 오산리 금식기도원 집회 때 자주 부르던 찬송이 기억난다.

"아시지요. 아시지요. 아시지요. 주님! 아시지요. 아시지요. 아시지요. 주님."

찬양하는 도중에 여자 집사님이 "뭘 알아요!" 하고 성을 냈다. 나는 너무 창피해서 저쪽 끝에 가서 앉아 있었다. 그랬더니 나를 보면서 이렇게 말하는 것이다.

"전도사님! 전도사님이 왜 금식을 해요! 어서 가서 식사하세요! 나는 너무 화가 나서 배도 안 고파요!"

둘째 날이 지나고 셋째 날이 지날 무렵엔, 여자 집사님 주위에 사람들이 앉지 않았다. 하도 투덜거리며 은혜 안 되는 얘기만 하니 사람들이 가까이 가지 않는 것이었다. 그런데 마지막 날 새벽에 소처럼 우는 소리가 들렸다. '집사님이 이제 갈 때까지 갔구나!'라고 생각했다. 그런데 은혜받아 우는 울음소리와 분해서 우는 울음소리는 엄연히 다르다. 내가 가만히 들어 보니 이건 열 받아 우는 것이 아니라, 은혜받아 우는 울음이었다. 깜짝 놀라 여자 집사님 옆에 가니, 나를 보고 "전도사님! 내려갑시다." 하는 것이다. 집사님은 자초지종을 털어 놓았다.

"그래도 내가 집사인데, 마지막으로 하나님께 기도하자 마음

먹었어요. 그리고 '주여!' 하고 외치는데, 내 영혼이 육체를 벗어나 골고다 언덕의 십자가 앞에 서 있는 거예요. 그리고 하나님의 음성이 들려왔어요. '너 때문에 내가 십자가에 못 박혔는데, 너는 네 신랑을 용서 못하느냐.' 그러면서 하나님이 제가 지금껏 행한 죄를 다 보여 주셨어요. 그걸 보니 내 죄가 더 크더라고요. 빨리 가서 남편을 용서해 주고 싶어요."

나는 얼른 목사님께 전화를 드렸다.

"목사님, 집사님이 울고불고 난리가 났어요. 그러면서 하는 말이 자기가 죄인이래요."

그러자 목사님도 울먹거리며 "전교인이 이 일을 위해 다 같이 금식하며 기도했어요."라고 하시는 것이다. 이제와 고백하건대, 나는 2박 3일간 기도라곤 하나도 못했다. 결혼한 지 일주일밖에 안 된 데다, 나는 한 끼만 굶어도 다리가 부들부들 떨리는데 나와 전혀 관계없는 일로 굶고 있으려니까 속에서 짜증이 났다.

집사님은 경찰서 유치장에 있는 남편을 끌어안고 "내가 잘못했어요. 내가 부족해서 이런 일이 생긴 거예요."라며 남편을 용서했다. 그때 집사님을 보면서 신앙의 성숙이 뭔지 알 것 같았다. 우리가 이 땅에 살면서 용서 못할 일이 과연 얼마나 될까? 살아

보니 용서 못 할 것이 없고, 받아들이지 못할 것이 없다. 그러면서 보편적인 신앙에 이르는 것이다. "그럴 수도 있지요."라고 마음을 넓게 여는 것이다. 우리 신앙이 여기까지 가야 한다.

그런데 신앙은 어떻게 성장하는 걸까? 신앙은 감동과 감격을 통해서만 자란다.

프로이드의 이론에 의하면 인간은 성적 쾌감을 통해 단계별로 성격이 형성된다고 한다. 구강기는 빠는 즐거움이 중요하다. 젖을 빠는 데 있어 불만족하면 성격이 왜곡된다.

두 번째는 항문기다. 갓난아이가 기저귀에 변을 보면 기분이 좋아서 웃는다. 배설을 하고 나면 속이 시원해지기 때문이다. 그래서 갓난아이는 변을 본 뒤 생글생글 웃는다. 아이 엄마들이 이렇게 말하지 않나.

"똥 싸 놓고 뭐가 좋다고 웃어!"

항문기의 쾌감이 있다. 항문기 때 시원하게 변을 본 뒤 쾌감을 즐기고 있는데 재빨리 기저귀를 갈아 주면 아이는 2단계의 쾌감을 충분히 즐기지 못하게 된다.

세 번째는 생식기다. 남자가 성기에 관심을 가지고 상실감과 만족감을 가지는 시기다.

네 번째는 잠복기인데 5학년, 6학년 무렵이다. 이때는 성적 관심이 무의식으로 들어가 동성 친구에게 관심을 쏟는다.

그러다가 아침저녁으로 머리를 감기 시작하는 단계가 온다. 바로 사춘기다. 이때는 이성과 외모에 관심을 가진다. 정신 분열 초기 증세에 버금가게 히스테릭하다. 똑바로 얘기해도 자기중심적으로 알아듣는다. 사춘기는 아이를 다그쳐서 끌고 갈 때가 아니라, 기다려 줘야 하는 때이다. 그러나 모두의 공통점은 사람이 한 단계 한 단계 성숙해간다는 것이다.

이 단계를 한 번에 뛰어넘는 사람은 없다. "난 사춘기도 없었어."라고 말하는 사람이 간혹 있다. 그런 사람은 사춘기가 순탄하게 잘 지나간 것이니 감사해야 한다.

우리 인생의 문제는 해결점이 없다. 성숙을 통해서만 해결된다. 사춘기에 일어날 수 있는 문제들은 부모가 자녀를 조금만 기다려 주면 해결된다. 그런데 부모는 기다리지 않는다.

"너 옛날에는 안 그랬는데 진짜 왜 그러니? 네 인생이 어떻게 될지 걱정이다." 하며 악담을 퍼붓는다. 얼굴만 마주하면 잔소리를 못해 안달이다. 그러다가 '아차' 하는 순간에 탈선한다. 그러나 자녀가 성숙하기를 묵묵히 기다려 주면 잘못된 길에 들어섰다가도 다시 돌아와서 자기가 가야 할 길을 찾아간다.

우리 신앙도 마찬가지다. 어떤 사람은 똑같은 문제로 평생 넘어진다. 다른 문제도 아니고 항상 똑같은 문제다. 신앙의 연륜은 있으나 미성숙하기 때문이다. 마음으로 받아들이고 넘어서야 문제가 해결된다.

어둠과 밝음

맥을 잡으면 군번줄처럼 또르르 뜨는 사람이 있다. 마음이 병든 사람이다. 앞서 혈맥에 대해 이야기하면서 삽맥은 심포와 삼초를 말한다고 했다. 심포는 들어가는 것, 삼초는 나오는 것을 말한다. 하나님은 우리 몸을 만드실 때, 먹고 내보내고, 숨을 들이마시고 내쉬게 만드셨다. 그런데 마음이 병 들면 들어오는 것도 안 들어오고 나가는 것도 안 나간다. 마음이 병 들면 모든 것이 다 병이 든다.

"모든 지킬 만한 것 중에 더욱 네 마음을 지키라 생명의 근원이 이에서 남이니라" 잠언 4:23

어떤 병이 걸렸든 간에 기쁨을 회복하지 않으면 고쳐졌다고 생각하지 않는다. 먼저 기쁨을 회복해야 한다. 잠언 17장 22절 말씀에서 하나님은 "마음의 즐거움은 양약이라도 심령의 근심은 뼈를 마르게 하느니라"라고 말씀하신다.

들어오고 나가는 것의 비율이 4대 6이어야 한다. 호흡할 때 건강한 사람은 날숨이 길다. 그런데 병든 사람은 날숨이 짧다. 건강한 사람은 먹는 것도 잘 먹고 배설도 잘한다. 반면에 병든 사람은 먹긴 먹는데 배설을 잘 못한다. 변비란 말이다. 따지고 보면 변비도 마음에서 온다. 임종의 순간이 오면, 사람은 마지막 숨을 오랫동안 들이쉰다.

우리 몸이 숨을 들이마시기만 하고 내쉬지 못한다면 어떻게 될까. 생각만 해도 끔찍하다. 영적으로도 마찬가지다. 우리 삶 속에는 봉사와 헌신이 반드시 필요하다. 그런데 요즘 들어 매우 안타까운 일은 인터넷이 발달하면서 성도들이 마음만 먹으면 얼마든지 하나님의 말씀을 접하고 은혜를 받을 수 있다. 하지만 정작 봉사하는 성도는 적어지고 있다. 영적인 심포 삼초가 없으니 영성이 무너지고, 더불어 육체적 삶도 함께 무너지고 만다.

은혜받고 나누지 않으면, 은혜가 내게 능력이 되는 것이 아니라 오히려 모든 것을 잃어버리는 아픔이 된다. 성경은 우리에게 복과 은혜를 받았으면 나누라고 한다.

"내가 너로 큰 민족을 이루고 네게 복을 주어 네 이름을 창대하게 하리니 너는 복이 될지라 너를 축복하는 자에게는 내가 복을 내리고 너를 저주하는 자에게는 내가 저주하리니 땅의 모든 족속이 너로 말미암아 복을 얻을 것이라 하신지라" 창세기 12:2-3

그런데 오늘날 복을 나누는 성도가 얼마나 될까. 신앙의 균형을 잡아 주는 봉사와 섬김이 없으면 세월이 흐르면서 신앙은 단단하게 굳어져 버린다.

경기도 광주 평화교회를 섬기는 이동현 목사님을 만났다. 목사님에게는 이명이 있었다. 체형 교정을 하고 턱과 목을 풀어 드렸더니 이명이 없어졌다고 했다. "며칠 지나야 알 수 있는 것이지." 하면서 일주일을 지켜보았는데 그래도 이명이 없어서 교회에서 간증도 했다고 한다. 난 이동현 목사님을 형님이라고 부른다. 참 좋은 나의 선배며 동역자다. 그의 강의 중에 들은 이야기다.

인체를 연구해 보면 30대 매력 포인트는 몸매다. 30대에 몸매가 만들어져야 하는 것이다. 40대에는 관용을 가져야 한다. 마음이 넓어져야 하는 것이다. 그런데 30대에 몸이 옆으로 퍼지면 40대에 성질만 내는 사람이 된다. 관용을 베푸는 것이 어려운 일이 되어버린 것이다.

50대가 되면 열정이 꽃핀다. 영적으로 육적으로 완숙기에 들어가서 사람이 멋져 보인다. 교회든 가정이든 열정적으로 일한다. 관용이 있어야 열정도 생긴다. 관용 없는 열정은 힘들다. 그래서 나는 정치도 50대가 열심히 할 수 있다고 생각한다. 60대는 거룩이다. 자신이 있어야 할 곳에 있는 것이 거룩이다. 교회와 사회에서 60대는 30~40대가 하는 일을 보고 "잘한다. 잘한다." 하면서 격려하고 용기를 북돋워 주는 역할을 해야 한다. 그런데 오히려 시어머니 역할을 하려 든다.

"그게 하는 거야? 아이고, 요즘 애들은 우리 때랑 달라도 너무 달라."

그러면 아무도 어른들을 존경하지 않는다. 60대는 입으로만 잘해도 존경받는 나이다. 그저 "우리보다 낫네. 잘한다, 잘해." 하면서 칭찬하고, 먹을 것도 가져다주고 하면 되는 것이다.

70대는 섬김이다. 섬기는 자리에 가야 대접받지, 섬김을 받으려고 하면 오히려 섬김 받지 못한다.

"주 앞에서 낮추라 그리하면 주께서 너희를 높이시리라" 야고보서 4:10

한 교회에서 오랫동안 헌신했으니, 이젠 쉬겠다고 하면 그때부터 영성은 희미해진다. 예수님께서는 먼저 제자들의 발을 씻기셨다. 그런데 지금 성도의 모습은 어떤가. 젊은 집사들이 장로님, 권사님을 챙기고 존중해야 하지만, 때론 놓칠 때가 있다. 그러면 그럴 수도 있다고 넘어가면 좋으련만 꼭 큰소리를 내는 어른들이 있다.

"목사님이 만날 강대상에서 사랑하라고 가르치면 뭐해. 성도들이 이 모양인데!"

그 말이 젊은 집사들에게는 비수가 된다. 열심히 일하려고 할 때 발목을 잡을 수도 있다. 내가 할 수 없으면 남을 밀어주어야 한다.

가정에서도 마찬가지다. 70대가 되었을 때 자식이나 손주에게 용돈을 줄 수 있는 사람이 되어야지, "이 자식들이 선물도 안 사 와!" 하고 잔소리만 하면 파리 새끼도 날아들지 않는다. 그때부터는 자꾸 손주들을 섬겨야 한다.

"여태까지 내가 고생했는데 나를 우습게 봐?"하고 심통 부리면, 스스로 우스운 존재가 되는 것이다. 나이 들면 심통만 는다는 말이 거기서 나오는 것이다. 나이 들면 섬김 받는 자리에서 내려와 오히려 자녀들을 더 섬길 때 존경받고 대접받고 더 멋진 인생을 살게 된다.

다시 말하건대, 섬기는 자리에 있으면 무조건 존경받고 대접받는다. 대접받는 자리에 가지 마라. 인간관계가 깨지면 하나님과도 깨진다. 서로 사랑하고 화목해야 한다.

'억지로'와 '저절로'

성경에는 어둠의 영과 빛의 영이 있다. 영적으로 어둠은 시기, 분쟁, 원망, 불평, 싸움, 수군거림이다. 이것들은 배우지 않아도 저절로 되는 것이다. 본능적이란 말이다. 함께 흉을 보는 관계가 되려면 생각이 같아야 한다. 인간의 생각이 같아질 때는 죄를 지을 때다. 함께 모여 남 흉보는 관계는 빨리 헤어져야 한다. 그 관계를 계속 유지하다 보면 영적으로 무너진다.

내가 안방에서 교회를 개척한 지 어느덧 27년이 됐다. 27년간 담임 목사로 있으면서 힘든 일도 많이 겪었다. 하나님의 인도하심이 없었다면 지금 기쁨의교회는 없었을 것이다. 사도 바울이 말한 것처럼 머리이신 그리스도가 충만한 은혜로 인도하셨다.

> "또 만물을 그의 발아래에 복종하게 하시고 그를 만물 위에 교회의 머리로 삼으셨느니라 교회는 그의 몸이니 만물 안에서 만물을 충만하게 하시는 이의 충만함이니라" 에베소서 1:22-23

27년 전만 해도 경남 지역은 감리교의 불모지였다. 새 신자가 우리 교회에 왔다가 주보에 '기독교대한감리회'라고 쓰여 있는걸 보고 '이단이 아닌가' 의심할 정도였다. 그밖에도 어려움이 많았다. 교회 안에 분란이 일어 교인들이 떠나는 걸 보면서 여러 차례 마음이 무너졌다. 그런데 가만히 보니 분란은 예배 끝나고 커피 마시러 갈 때 싹텄다. 처음에는 성도가 교제하는 모습이 너무도 아름다워 보였는데, 그게 분란의 시발점일 줄은 상상도 못했다. 그래서 나는 예배 끝나고 무리 지어 커피 마시러 가는 사람들이 가장 무섭다. 생각이 같은 사람들끼리 모이기 때문이다. 나중에 신학과 동의학을 공부하면서 사람은 다 다를 수밖에 없는데 어두움이 영을 점령했을 때만 같아진다는 걸 알았다. 마음이 통하는 사람들끼리 모여 커피를 마시면서 교제하는 것은 나쁘지 않지만, 자연스레 험담하고 흉을 보다 보면 악한 영이 틈타게 된다.

흉보는 일은 우리 몸에도 영향을 끼친다. 당당하게 어깨를 펴고 흉을 보는 사람은 없다. 갑자기 어깨가 움츠러 들면서 "그런데 김 집사, 내가 김 집사한테만 하는 말인데…."라는 은밀한 얘기가 입에서 나오게 된다. 몸을 수그리고 움츠리면 마음도 편안하지 않다. 설교 시간에 목사님 말씀을 쭈그리고 듣는 사람은 십중팔구 조는 사람이다. 하나님 말씀은 귀로만 듣는 것이 아니다. 눈으로 보고 귀로 들으면서 내 안에 성령이 임재하시도록 하는 것이다.

예배 시간에 눈을 감으면 안 되는 이유를 잠시 얘기하고자 한다. 나는 충청북도 중원군 양성면 강천리 산골마을에서 태어나 자랐다. 눈만 뜨면 강에 가서 헤엄을 치고 놀았다. 그때 아버지가 늘 하시던 말씀이 지금도 귓가에 생생하다.

"물에 들어가서는 항상 눈을 떠야 한다. 눈 감으면 죽는다."

부모의 교육이 평생을 좌우한다. 나는 물속에서 잠수하면 항상 눈을 뜨고 다녔다. 나중에는 습관이 돼서 눈이 절로 떠졌다. 장마철에는 강물이 불어났는데 빨간 황톳물 속에서도 강 건너까지 헤엄쳐 다녔다. 결코 물을 두려워하지 않았다. 아버지의 말씀이 맞았다. 눈을 감으면 심장마비가 온다. 눈 뜨고 수영하면 심장마비가 오지 않는다.

목사가 되고 보니 물속에 빠져 죽는 것이나 설교 듣다가 영이 죽는 것이나 똑같더라. 눈 감고 설교를 감상하는 자세로 듣다 보면 꼭 들어야 할 얘기는 못 듣고, 듣지 않아도 될 얘기만 듣는다. 그리고 듣지 않아도 되는 얘기들을 엿 꾀듯 줄줄이 꾀어서 말씀을 비판한다. 요즘은 교회마다 강대상 앞에 대형 스크린을 설치한다. 장식용으로 설치하는 것이 아니다. 말씀을 들을 때 눈으로 목사님의 표정과 입 모양까지 놓치지 말고 보면서 은혜받으라는 것이다. 사람은 몸으로 익혀야 내 것이 된다. 졸지 않으려면 일찍 와서 맨 앞에 앉기를 권한다. 영석 내가 목사님들이 이렇게 말했다.

"맨 앞은 금 자리, 가운데는 중간 자리, 뒤는 똥 자리다."

수군거림은 어두움의 영을 불러들인다. 그래서 나뿐만 아니라 남까지 죄짓게 만든다. 교회에서는 절대 손 가리고 얘기하면 안 된다. 그때부터 마귀가 역사하기 시작한다. 희한하게도 어둠의 영에 있는 것들은 인간이 배우지 않아도 저절로 된다. 따라서 저절로 되는 건 성령의 역사가 아니다. 학원 다녀서, 세미나 참석해서 배우는 것이 아니지만, 따지고 보면 다 잘한다. 정말 남 욕하는 것만큼 재밌는 일도 없다. 시간 가는 줄도 모른다. 입을 쉴 새 없이 움직이는 데, 배도 고프지 않고 힘도 안 든다. 남 흉볼 때 "힘들어. 좀 쉬었다 하자."라고 말하는 사람을 본 적이 없다. 저절로 되는 것은 다 마귀의 계략이다.

신앙생활은 극한 몸부림 없이는 유지되지 않는다. 저절로 되는 것이 하나도 없다는 말이다. 새벽 예배만 해도 그렇다. 새벽에 저절로 눈이 떠져 예배에 참석하는 사람은 없다. 새벽 기도를 가기 위해 예쁜 옷을 챙겨 입고 "새벽 기도는 누가 만들었을까. 정말 신나는 일이야." 하는 사람이 있을까? 아마도 대부분 옷을 입으면서 "새벽 기도는 누가 만들어서 이렇게 나를 힘들게 할까. 전 세계에서 새벽 기도하는 나라는 우리나라밖에 없다는데, 이걸 꼭 해야 해?" 하고 투덜거릴 것이다. 그래도 은혜받기 위해 억지로 몸을 일으켜서 떠지지도 않는 눈으로 교회에 오면 하나님은 그 마음을 보시고 더할 수 없는 은혜를 주신다.

그럼에도 또 다음날 새벽 예배 가려고 하면 "주여, 마음은 원이로되 육신이 약합니다." 하며 몇 번씩 주저앉는다. 목사인 나도 새벽기도 가려고 일어났다가 한쪽 양말만 신고 잠이든 적이 있다. 일어나 보니 6시 30분이지 뭔가.

성령의 열매를 떠올려 보자. 사랑과 희락, 화평과 오래 참음, 자비와 양선, 충성과 온유, 절제다. 이것들이 저절로 되는가? 사랑도 억지로 해야 내 마음에 사랑하는 마음이 생긴다.

"사랑은 오래 참고 사랑은 온유하며 사랑은 시기하지 않으며 무례히 행치 아니하고 성내지 아니하며…"

듣기만 해도 쉽지 않다. "사랑은 끝까지 견디느니라." 이 말 한마디에 벌어진 입이 안 다물어진다. 하나님이 내게 사랑하라고 하셨으니까, 부모를 공경하라고 하셨으니까 끝까지 하는 것이다.

청년 시절 《죽으면 죽으리라》라는 책을 쓴 안이숙 여사의 세미나에 참석했다. 안이숙 여사는 남편인 김동명 목사보다 나이가 열네 살이나 위다. 안이숙 여사가 마흔 살 때, 스물여섯 살 김동명 목사와 결혼했다. 안이숙 여사가 이런 말을 했다.

"사랑은 억지로 하는 거예요."

그 말을 들은 청년들은 "우~!" 하며 환호했다. 그리고 이런 얘기를 들려주었다. 안이숙 여사의 동서 중에 의사가 있는데 명절이면 꼭 당일에 와서 "형님, 음식이 이것밖에 없어요? 싸가고 싶어도 싸갈 음식이 없네요."라고 했단다. 속에서 자꾸 미운 마음이 들어서 기도도 안 되더란다. 그런데 하나님이 "억지로라도 사랑하라"는 말씀을 주셔서 정말 억지로 사랑하기로 마음을 먹었단다. 명절이나 주말쯤 되면 내키지 않아도 먼저 전화를 했다.

"동서, 이번 명절엔 어떤 음식을 하면 좋을까. 먹고 싶은 음식이 있으면 얘기해. 내가 참고해서 준비할게."

그렇게 자주 전화 통화하다 보니 자연스레 허물없는 사이가 됐고, 나중에는 동서가 명절이 다가오면 먼저 전화하고 이틀 전에 장까지 봐 올 정도로 달라졌다고 했다.

부부는 대부분 작은 일로 싸운다. "물 떠와!", "이불 개!" 이런 일상적인 말이 싸움의 불씨가 되고 "너희 집 식구는" 하면서 기름을 끼얹는 것이다. 정말 큰일은 싸움거리가 안 된다. 아무것도 아닌 자존심 때문에 어둠의 역사 속에서 넘어진다.

그때 안이숙 여사가 한 말이 기억난다. 남편이 잔뜩 화가 났을 때는 아내가 다가가서 두 팔로 목을 감싸고 입을 맞추라는 것이다. 그러면 어떤 남편도 20초를 견디지 못하고 화가 풀린다. 가정의 행복은 여자에게 달려 있다. 안이숙 여사는 부부 싸움은 여자가 해결해야 된다고 말했다.

나도 남자다. 그런데 목회 초기에 내가 강대상에서 설교를 하고 내려오면 교인들은 "목사님, 은혜받았어요. 감사합니다." 하는데, 아내는 달랐다. 집에 돌아와서는 "여보, 당신 오늘 설교할 때 말이 좀 어법에 안 맞더라고요. 단어가 적절하지 않아요. 접속사나 조사도 오늘은 이상하게 틀리더라고요. 그리고 그 말은 왜 해요?" 이것저것 지적하는 아내에게 내가 참다못해 말했다.

"여보, 당신 다른 교회 다녀라. 내 설교 듣다가 당신 영혼이 죽겠어. 그냥 1부 예배는 다른 교회에서 드리고, 2부 예배 때만 우리 교회에 나와."

오죽 기가 죽었으면 내가 그렇게 말했을까. 그런데 어느 날 아내가 달라졌다.

"여보, 오늘 당신 설교 듣고 얼마나 감동했는지 몰라요."

그날 나는 신이 나서 어쩔 줄 몰랐다. 아내가 기를 북돋아 주니 설교가 달라졌다. 더 열심히 설교를 준비했고 강대상에서도 자신감이 넘쳤다. 이처럼 남자는 아내의 말 한마디에 산다. 힘을 얻고 능력이 생긴다. 행복이 저절로 임하는 가정이 있을까? 희생과 헌신 없이는 아름다운 가정을 만들 수 없다.

"사람의 원수가 자기 집안 식구리라" 마태복음 10:36

영적 싸움에는 결단이 필요하다

영적인 세계는 결단이다. "나는 사랑할 거야." 하고 결단하고 실천해야 되는 것이다. 나의 큰아들과 둘째 아들은 11살 차이가 난다. 큰아들은 날씬한 체형이고, 배부르게 먹은 적이 별로 없다. 둘째 아들은 먹는 걸 무척 좋아해서, 종종 형의 놀림을 받았다.

"아빠 곰은 뚱뚱해. 애기 곰도 뚱뚱해."
"형 그렇게 재밌어?"
"그럼 재밌지."
"난 그래도 형 사랑해."

그러고 나면 더 이상 진행이 안 된다. 골을 내면 더 화가 난다. 약발 받으니까 더 하는 거다. 절대 우리는 약발 받으면 안 된다. 하나님 앞에 감사하고 "난 그래도 당신 사랑해." 하면서 참아야 한다. 주님 때문에 기뻐하고 사랑하고 절제, 충성, 인내해야 하는 것이다. 이게 바로 성령의 역사이며 영적인 세계다.

아울러 세상이 악하다. 연일 경제적, 사회적으로 어두운 뉴스가 터져 나온다. 주의 자녀로서 우리는 어려운 환경과 상황 때문에 영적으로 무너지는 행위를 해서는 결코 안 된다. 어떤 환경에 처해도, 어떤 상황이 와도 빛의 자녀로 살기로 결심한 사람들은 억지로 빛의 자녀로서 살아가야 한다. 그것이 성령의 인도하심이고 하나님의 도우심이다.

육체를 보자. 시기, 분쟁, 원망할 때 가슴을 젖히고 하는가? 몸이 저절로 구부려진다. 그러나 사랑할 때나 기쁠 때는 몸이 펴진다. 그래서 내 마음을 펴면 모든 것이 펴지는 것 같지만, 절대 마음부터 펴지는 것이 아니다. 하나님은 인간을 만들 때, 몸을 펴야 마음이 펴지도록 만드셨다. 어두우면 움츠러든다. 불을 켜면 몸이 펴진다. 영화나 드라마에서 보면 도둑이 어둠 속을 걸어 갈 때 살금살금 몸을 웅크리고 걷다가, 누군가 불을 딱 켜면 깜짝 놀라서 몸을 똑바로 편다. 자동이다. 내 생각이 어두우면 "나 못 살겠어." 하며 머리를 숙이고 어깨를 움츠린다.

밝음은 억지로 해야 한다. 똑바로 서 있으려면 식은 땀 나게 허리를 세워야 한다. 엉덩이에 힘을 주고 억지로 세우는 것이다. 앉은 의자에 엉덩이 끝만 걸쳐 보자. 허리가 세워진다. 속이 시원하다. 찬양도 마찬가지다. 신학대학원 1학년 영성훈련에서 엉덩이에 힘주는 것부터 배웠다. '그게 무슨 영성훈련이냐, 웃기다.'라고 생각했다. 그런데 자꾸 하다 보니 찬양도 엉덩이에 힘주고 하는 것과 그렇지 않은 것은 전혀 다르다는 것을 알게 됐다. 기도도 엉덩이에 힘을 주고 해야 영적으로 깊이 들어간다. 힘이 풀려서 대충 하다가는 어느 순간 잠들어 버린다.

그런데 엉덩이에 힘을 주고 기도하는 사람은 결코 기도가 끝나지 않는다. 훈련이었다. 하다 보니 놀라운 세계를 발견하게 됐다. '기도도 하고 싶어서 하는 것이 아니라, 억지로 하는 것이구나!'라고 깨달았다. 영적인 세계에서 성령의 역사라는 것은, 하나님 말씀에 순종하는 결단과 헌신에 의해 이루어지는 것이다. 봉사도 결단하고 그 일을 이루어갈 때 하나님께 은혜가 된다.

영적인 세계나 육적 세계나 저절로 되는 것은 하나님이 원하는 것이 아니다. 의지적 결단이 필요하다. 운동도 저절로 안 된다. 억지로라도 운동해야 몸이 인식한다. '난 시간이 없는데'라고 말하는 사람들에게 하고 싶은 얘기가 있다.

"밥숟가락 놓으세요."

시간이 없는 것이 아니라 하고자 하는 마음이 없는 것이다. 나는 젊은 시절 아내가 좋아서 10년이나 쫓아다녔다. 아내가 내 마음을 받아주지 않자 1,300여 통의 편지를 쓰며 적극적으로 구애했다. 사람을 좋아해도 십 년의 시간과 열정을 쏟는데 하물며 하나님을 만나기 위해서, 아픈 몸을 치유하기 위해서 그 이상의 시간과 열정을 쏟지 않는 것이 말이 되는가.

내가 가는 곳마다 네 가지 교정 운동과 목침에 목을 대고 '도리도리' 하면 중풍이 예방된다고 입이 아프게 이야기하는데, 한 가지도 안 하고 중풍에 걸린 사람이 있다. 안타까운 심정으로 물어보니 "시간이 없었어요."라고 대답한다. 잠자기 전에 1분도 시간을 만들 수 없었는가!' 하는 생각에 정말 안타까움을 금치 못했다.

단언하건대 몸을 바로 펴면 마음도 펴진다. 그러면 말씀이 생기가 되어 T림프구도 살아나고 암도 이긴다. 우리 몸은 세포로 이루어져 있다. 세포에는 DNA 즉 유전자가 있는데, DNA는 프로그램이다. 저절로 만들어지는 것이 아니라 누군가에 의해 만들어졌다. 우리 몸은 의지를 가지고 움직여야 건강하다. 영성도 마찬가지다. 눈물, 희생, 헌신을 심고 기도로 몸부림칠 때에 비로소 성장하고 발전할 수 있다.

"그 주인이 대답하여 이르되 악하고 게으른 종아 나는 심지 않은 데서 거두고 헤치지 않는 데서 모으는 줄로 네가 알았느냐" 마태복음 25:26

그런데 면역 세포인 T림프구는 생각의 지배를 받는다. 밝은 생각을 하면 T림프구가 활발하게 활동하고 주인의 말에 순종하지만, 어두운 생각을 하면 T림프구가 병 든다. 즉 몸이 살기 위해 병을 일으킨다. 따라서 병을 이기려면 생각부터 바꿔야 한다. 하나님 말씀을 듣고 긍정적인 생각을 해야 한다. 그러면 T림프구가 재생된다. 하나님이 주신 인간의 본성 중 첫 번째가 거룩성이었다. 거룩성은 제자리에 있을 때 생긴다. 주일에 하나님 말씀을 듣고 은혜를 받으면 마음이 기쁘고 즐거워진다. 사랑의 마음이 샘솟는다. 그 희열이 우리 몸속의 T림프구를 재생시켜 암세포를 공격하고 병을 회복시킨다.

아울러 우리 몸은 에너지가 들어가야 움직인다. 말씀이 들어가야 영적인 삶을 살 수 있다.

우리가 사과를 먹으면 햇빛 에너지, 공기 에너지, 땅의 양분을 몸이 받아들이고 나머지는 배설한다. 과일이든 야채든 간에 하나님이 만든 에너지만 남고 나머지는 다 배설된다. 하지만 아무리 좋은 걸 먹고 보약을 달고 산다 해도 운동을 안 하면 건강할 수 없다.

동물을 보자. 방목해서 기른 동물은 면역력이 강하기 때문에 구제역에 잘 안 걸린다. 꼼짝하지 못하도록 가둬서 기른 동물이 우리 몸에 해가 된다. 아무리 암수를 데려다 놓고 교배를 시켜도 종족 번식에 관심도 없다. 그래서 인공수정을 시켜 새끼를 낳으면 모성 본능이 없다. 그러면 면역력이 떨어져서 항생제를 과다 투여해 기른다. 그래도 쉽게 병 든다. 짐승도 이런데 하물며 사람은 오죽할까. 거듭 강조하지만 건강하려면 운동을 해야 한다. 몸을 움직이기 두려워하면서 건강하지 않다고 우울해 하는 것은 어리석은 짓이다.

영적인 건강도 마찬가지다. 말씀 듣고 찬양하고 기도하고, 받은 은혜를 나누기 위해 봉사하는 것이 영적 운동이다. 우리가 영적 운동을 멈추면 병들고 사망을 향해 간다. 오스왈드 챔버스는 《영적 회복》이라는 저서에서 이렇게 썼다.

"꿈과 소망이 사라졌다고 생각할 때 주님이 다가와 '죽은 자들 가운데서 일어나라'고 말씀하신다. 하나님은 무작정 승리하는 삶을 주지 않으신다. 우리가 일어나야 하나님의 영감이 임한다. 주님은 손 마른 자에게 손을 내밀라고 말했고 그가 손을 내밀자 온전케 되었다. 우리가 일어나 극복할 때에 하나님은 생명을 주신다. 그러면 우리는 주의 영감으로 충만하게 된다."

혈류의 변화

사람은 기분이 나빠지면, 심장의 피가 머리로 쏠려 뇌 혈류량이 증가한다. 화가 나면 흔히 "피가 솟구친다."라고 말한다. 한의학에서는 "기가 치밀어 오른다."고 표현한다. 뇌가 격렬히 반응하기 때문이다. 기분 나쁜 사람과 만난 시간, 날짜, 사건을 속속들이 기억한다. 몇 월 며칠 몇 시까지 결코 잊지 않는다. 공부를 열심히 할 때 뇌는 많은 에너지를 사용하기 때문에 뇌 혈류량이 늘어난다. 그런데 정신적 스트레스를 받으면 뇌 혈류량이 그보다 더 많이 늘어난다. 이는 매우 위험한데, 뇌혈관이 과하게 팽창해서 뇌졸중으로 쓰러지는 것이다.

그런데 희한하게 좋아하는 사람하고 있었던 추억을 떠올릴 때는 "그때쯤"이다. 원수는 "몇 월 며칠 몇 시"까지 기억하면서, 좋은 추억은 그 정도로 기억 못한다. 사람은 기분 나쁜 건 "그때 일을 생각하면 머리 아파 죽겠어."라며 그 상황을 생생하게 떠올린다. 오히려 일어나지 않았던 일까지 상상력을 발휘해 마치 일어난 일인 양 착각한다. 과장이 더해진다.

어둠의 영이 역사할 때 사람의 두뇌는 끊임없이 돌아간다. 거짓말할 때는 오죽할까. 두뇌가 팽팽 돈다. 반면에 선한 영이 역사할 때, 즉 좋은 일을 할 때는 두뇌가 돌아가지 않는다. 예컨대 "사랑해요."라고 말할 때 두뇌가 빠르게 돌아가나? 시기와 분쟁, 원망할 때는 두뇌가 활발하게 돌아가서 머리가 아플 지경이다. 과부하가 걸린다. 그래서 머리에 흰 띠까지 두르는 것이다. "골치 아프다."라는 말을 달고 사는 사람이 있다. 마음속에 원망과 불평이 가득이다. 하나님께서 원하시는 삶은 감사하는 삶이다. 아파도 감사, 낙심할 때도 감사하면 하나님은 화가 변하여 춤이 되게 하신다.

"주께서 나의 슬픔이 변하여 내게 춤이 되게 하시며 나의 베옷을 벗기고 기쁨으로 띠 띠우셨나이다" 시편 30:11

어둠의 영이 내 마음속에 깃들면 병이 생긴다. 머리까지 피가 솟구쳐서 뒷목 잡고 쓰러지는 비극이 일어나는 것이다. 그러나 "여보! 사랑해."라고 하면서 뒷목 잡지는 않는다. 빛의 영이 역사할 때는 배시시 웃음이 나고 미소가 지어진다. 하나님은 우리 몸을 정확하게 만드셨다.

밝음으로 가면 병은 생기지 않는다. 혈류의 변화 때문이다. "평화, 평화로다." 하다가 뒷목 잡지 않는다. "서로 사랑하라 끝까지 사랑하면 내 제자인 것을 알리라"는 말씀처럼 끝까지 사랑한 사람들은 이 문제가 없어지는 것이다.

> "우리의 씨름은 혈과 육을 상대하는 것이 아니요 통치자들과 권세들과 이 어둠의 세상 주관자들과 하늘에 있는 악의 영들을 상대함이라" 에베소서 6:12

화내지 마라. 옳고 그름을 따져 봐야 득이 될 것이 없다. 사람은 모두 다르다. 네가 옳다 내가 그르다 하지 말라는 말이다. 화를 내면 심장에서 피가 머리로 쫙 올라가고 근육을 긴장시킨다. 그때 몸에 이상 현상이 나타난다. (혈압 상승, 어지러움, 혈관 파열 등)

시기 분쟁할 때 "그 인간, 내가 생각만 해도!"라고 말하면서 온몸에 힘을 준다. "골 때린다."라고 말하면서 머리를 잡는다. 그러면 심장에 있던 피가 머리와 근육으로 간다. 힘을 써야 하니 그렇다. 이는 의지에 의한 것이 아니라 우리 몸에 자동으로 일어나는 변화다. 피가 어디서 들어오나. 위에 있는 피가 심장으로 가는 것이다. 밥 먹다가도 보기 싫은 사람 보면 소화가 안 된다. 미운 사람과는 밥을 못 먹는다. 소화시키려면 위에 혈류가 공급되어야 하는데, 위의 피가 심장으로 가 버린다. 위의 기능이 상실된다. 스트레스성 위염, 위궤양을 앓고 있다면 〈에베소서〉에 기록된 하나님의 말씀을 날마다 묵상하자.

> "분을 내어도 죄를 짓지 말며 해가 지도록 분을 품지 말고 마귀에게 틈을 주지 말라" 에베소서 4:26-27

그래서 사람들은 화났던 일을 말할 때 "작년에 먹은 떡국이 올라와!"라고 한다. 위가 기억하기 때문이다. 또 화가 나면 간에 있는 피가 심장으로 간다. 그러면 머리에서 간을 보호하려고 간에 지방을 축적한다. 그래서 지방간이 생기는 것이다. 요즘은 영양 상태는 좋아지고 스트레스 받는 일은 많아졌다. 따라서 성인병 중에 스트레스성 지방간을 앓고 있는 환자가 늘었다.

간에 축적되는 지방간은 찬물 먹는 사람과 스트레스 받은 사람에게 생긴다. 지방은 많은 음식을 먹어서 생기기는 어렵다.

찬물을 마시면 간에 있는 피가 위로 쏠린다. 위는 소화를 위해 열을 낸다. 찬물이 들어가 차가워진 위를 데우기 위해서 피가 위로 쏠리는 것이다. 또 머리에 있는 피도 힘을 보태기 위해 위로 간다. 찬물 먹으면 머리가 띵하다고 하는 이유가 이 때문이다. 찬물을 자주 마시는 사람은 위장병에 걸릴 위험이 높다. 나는 절대 찬물을 마시지 않는다. 정 찬물을 마시고 싶으면 입에서 데운 뒤에 목구멍으로 넘기길 권한다. 입속에서나 시원하지 식도부터는 고통이기 때문이다. 특히 구맥 주도형은 찬물을 먹었다가는 큰일 난다.

심장이 피를 옮기려면 산소가 있어야 하니 폐에도 영향을 준다. 시기 분쟁 원망을 하면 숨소리가 커진다. 예컨대 아이가 엄마에게 거짓말을 할 때 "엄마!" 하고는 급히 숨을 내쉰다. 감추지 못한다. 거짓말을 하기로 마음먹으면 머리를 굴리기 위해 뇌로 피가 쏠린다. 사기꾼들은 숨소리도 다르다. 말할 때 숨을 몰아쉰다.

우리말에 '붉으락푸르락하다'라는 말이 있다. 몹시 화가 나거나 흥분하여 얼굴빛이 붉게 또는 푸르게 변하는 모양을 뜻한다. 심장은 붉은색, 간은 푸른색, 폐는 흰색, 신장은 검은색, 위는 노란색이다. 화를 내면 심장과 간이 특히 영향을 받기 때문에 얼굴이 붉으락푸르락 하다고 말한다.

우리 몸은 하나님이 주신 성전이다. 그런데 화를 내면 얼굴에 붉은색, 푸른색, 흰색, 검은색, 노란색이 드러난다. 화를 냈을 때 장기에 영향을 미치기 때문이다. 따라서 얼굴색이 변할 때마다.

장기는 병들어간다고 봐야 한다. 하나님이 주신 내 몸을 감정으로 인해 무너뜨리면 안 된다. 성도들 대부분은 자살이 죄인 줄은 알면서, 건강관리를 하지 않아서 내 몸을 병들게 하는 것이 죄인 줄 모르고 산다. 그리스도의 자녀라면 하나님이 주신 몸을 혹사시키기보다는 잘 보존해야 한다. 그게 신앙인으로서 가져야 하는 마음가짐이다.

얼굴이 붉어지면 심장이 강하게 뛴다. 파랗게 변하면 현기증이 난다. 창백해지면 숨을 들이쉰다. 검어지면 신장이 상한 것이고, 누렇게 뜨면 위장이 병든 것이다. 마음이 스트레스를 받아 생기는 병은 정말 무섭다. 그래서 하나님은 항상 기뻐하고 감사하라고 하신다. 헬라어 원문으로 보면 "항상 기뻐하라 쉬지 말고 기도하라 범사에 감사하라"는 말씀은 명령형이다. 무조건 기뻐하라는 것이고, 쉬지 말고 기도하라는 것이며 어떤 일이든 감사하라는 것이다. 그게 우리를 향한 하나님의 뜻이다. 얼굴 붉히지 마라. 창백해지지 마라. 그런데 이는 웃기만 해도 고쳐진다.

웃음치료 세미나에 참석했는데, 진짜 웃고 나니 내 몸이 믿을 수 없을 만큼 가벼워졌다. 뇌는 억지로 웃어도 진짜 웃는 줄 안다. 그래서 오장에 병이 없어진다. 우리 얼굴이 그리스도의 편지이자 향기가 되어야 한다. 그게 성도를 향한 하나님의 뜻이다. 하나님은 우리를 사랑하신다. 일생동안 웃고 살기로 작정하자. 그러면 행복하고 건강해진다. 오직 예수님만이 우리에게 건강을 주신다.

한번은 부산에 집회를 갔는데 교회 건물 앞에 이렇게 써 있었다.

"웃고 살자.
월요일은 원래 웃는 날,
화요일은 화사하게 웃는 날,
수요일은 수수하게 웃는 날,
목요일은 목청껏 웃는 날,
금요일은 금방 웃고 또 웃는 날,
토요일는 토실토실 웃는 날,
주일은 주구장창 웃는 날"

속이 끓어도 웃으면서 "할렐루야" 하면 오장의 병이 없어진다. 연세가 든 분이 옷을 사면 알록달록한 색상에 장미꽃, 매화꽃이 그려져 있다. 노인들은 오장이 약하기 때문에 알록달록한 색상의 옷을 입고 건강해지려는 것이다. 그런데 젊은 사람이 어르신들 옷을 사드리면 다 검은색, 회색, 흰색 등 무채색이다. 노인들은 색깔이 화려한 옷을 입어야 건강에 좋다. 그러니 나와 다르다고 틀렸다고 판단하면 안 된다. 하나님이 만드신 우리 인간은 이유 없는 행동은 하지 않는다. 모든 것이 하나님의 은혜와 축복이다.
우리는 죄 없이 이 땅에 오신 예수 그리스도의 피 값으로 자녀 삼은 몸이다. 주님이 우리를 피 값으로 구속하셨으니 하나님의 걸작품으로 아름다운 인생을 살아가야 한다.

이 땅에서 병 없이 건강하게 살다가 주님 부를 때 하늘나라에 가는 것도 신앙인으로서는 아름다운 삶이다. 그러니 제발 운동하자. 영적으로는 말씀을 보고 듣는 운동, 찬양하고 기도하는 운동을 하기 바란다. 육적으로는 구르기 운동, 흉추 7번에 목침 대기, 엉치뼈에 목침 대기, 걷기 등 네 가지 운동과 도리도리 운동, 발목 펌프 운동, 목침 깔고 앉기 등을 꾸준히 하기 바란다. 그러면 일생 동안 건강하고 아름답게 살아가는 하나님의 자녀가 될 것이다.

부록

성경적
건강 관리법

노완우 운동법을 유튜브에서 보시고
건강한 몸을 만드세요.

몸이 바로 서야
병이 없다!

　뇌는 사람의 뼈가 틀어짐을 인지하면 더 이상 틀어지는 것을 막기 위해 근육을 굳힌다. 근육이 굳으면 신경이 눌려 통증이 온다. 통증을 없애려면 뼈를 제자리로 갖다 놓아야 하며, 이를 가능하게 하는 것이 네 가지 운동이다. 근육은 머리에서 굳힌 것이기 때문에 고통을 줘야만 풀린다. 고통이 우리를 통증에서 해방시키고 완전하게 한다. 운동해서 근육이 풀리면 신경이 자유를 얻는다.

　당뇨는 경추 11번이 틀어지면서 근육이 단단하게 굳기 때문에 생기는 병이다. 뇌는 인슐린을 분비하라고 명령하는데 신경이 눌려서 인슐린 분비가 안 돼서 약을 먹어 짜내는 것이다. 운동해서 근육이 풀리면 당뇨도 고쳐진다.

　경추 2. 3번이 틀어지면 고혈압이 생기는데, 심장과 연결된 신경이 눌려서 제 기능을 발휘하지 못하기 때문이다. 우리 몸은 다 이런 현상을 가진다.

오십견은 어깨가 접질러서 통증을 유발한다. '툭툭' 때려서 접질린 부분을 제자리로 가져다 놓으면 낫는다. 근육만 풀어 주면 된다. 고통이 가해져야 통증이 사라진다.

영적 세계도 마찬가지다. 하나님을 경험하기 위해서는 고통이 수반된다. 따라서 삶의 고통을 마주할 때는 '하나님을 경험할 수 있겠구나' 하는 기대를 가져야 한다. 고난이 오면 불평하고 원망하니 하나님을 경험할 길이 없다. 고난은 축복의 통로다. 하나님의 역사를 경험하는 절호의 기회다.

네 가지 운동법을 꾸준히 실천하면 하나님이 창조하신 아름다운 몸으로 다시 회복할 수 있다. 직접 따라해 보자.

노완우 운동법 ❶
구르기

① 앉은 자세에서 양 무릎을 접어 모은 다음, 무릎 안으로 양손을 넣어 깍지를 끼고 구른다.
② 이 자세로 뒤로 누웠다가 제자리로 돌아오는 동작을 1분 동안 30~40회 반복한다.
③ 바르게 누워 쉬면서 몸의 변화를 느낀다.

교정 운동은 처음 2~3개월 동안은 하루에 5~6회 정도 꾸준히 해야 한다. (4번 걷기는 하루에 1회 이상) 그러나 한 세트(1번~4번까지)를 한 다음에는 반드시 1시간 이상 지나서 해야 한다.

첫 번째는 구르기 운동이다. 뒤로 굽어 일자 모양이 된 허리가 원래의 모양대로 만곡을 이루게 해주는 운동이다. 앉은 자세에서 양 무릎을 세운 뒤, 양손을 깍지 껴서 두 무릎 아래 넣어 감싸 안고 최대한 무릎을 가슴에 바짝 붙인다. 이 자세로 뒤로 누웠다가 일어나는 동작을 30~40회 반복한다.

일어날 때는 이마를 가능한 한 무릎에 붙여야 한다. 구를 때 몸에 힘을 최대한 빼고 억지로 하거나 반동으로 일어나면 안 된다. 되도록 바닥이 딱딱한 곳에서 굴러야 효과가 있다. 엉치뼈가 빠진 사람은 하기 힘들다. 잘 안 된다면 무리해서 하기보다 누워서

반쯤만 몸을 일으키는 것이 좋다. 척추가 안 좋은 사람은 등에 상처가 나기도 하지만 하면 할수록 척추가 좋아진다. 쉬운 듯 보이지만 막상 하면 결코 쉽지 않은 운동이다. 인간은 게으르고 악한 존재다. 부지런히 운동해야 한다는 걸 알면서도 하지 않는다. "이게 무슨 효과가 있겠어?" 하면서 의심부터 한다. 아니면 "마음은 원이로되 육신이 약하도다." 하며 성경 구절까지 인용해 핑계를 댄다.

구르기는 힘든 에너지 운동이 아니다. 하지만 뇌에 몸의 변화를 입력시키기 위한 운동이다. 뇌는 입력된 대로 몸을 다스리는데, 구르기 운동을 하다 보면 꼬리뼈가 제자리를 찾아간다. 고관절이 틀어지고 공명이 막히면서 밑으로 쳐진 장기들이 제자리를 찾는다.

육적인 병이 뇌에 의해 치료된다는 것은 매우 중요하다. 영적인 부분도 마찬가지이기 때문이다. 교회의 머리이신 주님이 우리의 삶을 주관하고 다스려야 영적인 삶이 제자리를 찾는다. 그래야 건강한 영성을 지닐 수 있다. 영과 육은 하나다. 육적으로 문제가 있으면 영적인 부분도 무너진다. 반대로 영적인 부분이 무너지면 육에도 문제가 생긴다.

나는 구르기 운동을 시작하기 전에 몸무게가 96킬로그램, 허리는 42인치에 육박했다. 구르기 운동을 하면서 꼬리뼈가 아홉 번이나 까졌다. 그런데 지금 건강 검진하면 몸무게와 허리 사이

즈가 정상 범위에 든다. 체지방도 없다.

2년에 한 번 건강 검진을 받아 "운동 부족이래요"라고 말하는 사람들이 있다. 이런 사람들은 구르기 운동을 당장 시작해야 한다. 몸의 체지방률을 줄이는 것이 급선무다.

노완우 운동법 ❷

엉치뼈에 목침 대기

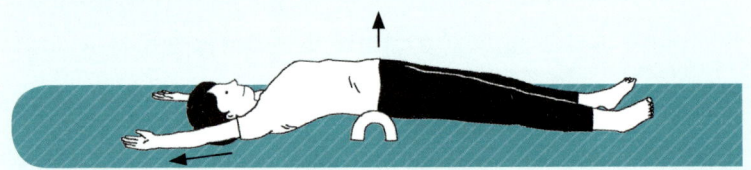

① 다리를 펴고 앉은 상태에서 목침을 엉덩이에 대고 그대로 눕는다.
② 팔을 위로 올리고(만세 자세) 2분 동안 누워 있는다.
③ 일어날 때는 반드시 몸을 옆으로 돌려 엎드린 후 무릎을 꿇고 팔을 밀며 고양이 자세로 일어난다.

두 번째는 엉치뼈에 목침 대고 눕기다. 엉치뼈가 아래로 빠지는 것을 방지하고, 골반이 바로 잡히게 해주는 운동이다. 남성의 전립선, 여성의 부인과 질환을 치료하는 데 효과적이다. 목침을 허리 아래 엉치뼈 바로 밑에 대고 눕는다. 누웠을 때 시원하다고 느껴야지. 조금이라도 아프거나 불편하면 목침을 잘못 댄 것이다. 조금씩 몸을 움직여서 자리를 조절해야 한다. 다리를 펴고 팔은 만세 하듯 위로 올린다. 2분 정도 누워 있는다.

주의할 것은 절대 허리에 대면 안 된다는 것이다. 허리 끝나는 부분을 가만히 만져 보면 돌출된 뼈 두 개가 잡힌다. 안 만져지면 살이 많아서다.

목침을 대고 나서 2분이 지나면, 머리는 감각적으로 변화를 느끼고 허리 근육을 굳게 한다. 간혹 "목사님, 목침 운동하다가 병원에 실려 갈 뻔 했어요." 하고 하소연하는 사람들이 있다. 알고 보면 목침을 댄 채 잠이든 것이다. 2분이라고 강조했는데, 욕심이 지나쳐 너무 오래 한 사람이다. 잠들면 큰일 난다. 나도 두어 번 잠이 들어 허리가 아파 혼이 난 경험이 있다. 다행히 1시간 정도 지나면 경직된 근육이 풀어지니 구급차 타고 병원에 갈 필요는 없다. 이 정도로 뇌는 우리 몸의 변화에 빠르게 반응한다.

그리고 운동이 끝나 일어날 때는 반드시 몸을 옆으로 돌려 엎드린 후 무릎을 꿇고 팔을 밀며 고양이 자세로 일어난다.

노완우 운동법 ❸

흉추 7번에 목침 대기

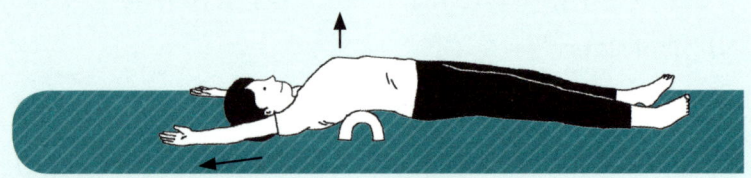

① 목침을 흉추 7번에 대고 눕는다.
② 다리를 펴고 팔은 만세 자세로 올리고 3분 동안 누워 있는다.
③ 일어날 때에는 반드시 몸을 옆으로 돌려 엎드린 후 무릎을 꿇고 팔을 밀며 고양이 자세로 일어난다.

이 운동은 틀어진 흉추를 제자리로 되돌아가게 하는 효과가 있다. 고혈압, 불면증, 위, 폐, 간 등 오장의 기능을 회복하고 비만을 조절하는 데 효과가 있다. 목침을 흉추 7번 바로 위에 오게 대고 눕는다. 다리는 곧게 펴고 팔은 위로 올려 3분간 편안한 자세로 누워 있는다. 엉치뼈에 목침 대기와 마찬가지로, 일어날 때는 반드시 몸을 옆으로 돌려 엎드린 뒤 고양이 자세로 일어난다.

흉추 7번이 어디인지 쉽게 설명하자면, 여자가 브래지어 할 때 가로로 끈이 지나가는 자리다. 갓난아이 젖 먹일 때 트림 시키거나 소화 안 될 때 등 두드리는 자리다. 7번 흉추는 척추의 중심부다.

만약 7번 흉추가 틀어지면, 상체가 앞으로 수그러진다. 그러면 뇌는 몸을 바로 세우기 위해 배에 살이 붙게 된다. 그래서 복부 비만인 사람들은 흉추 7번이 틀어지지 않았는가 의심해 봐야 한다. 그리고 열심히 흉추 7번에 목침을 대고 눕는 운동을 해야 한다. 한 달 반 정도 열심히 하면 복부 비만은 거의 해결된다. 나는 목침 요법을 하면서 한 달 만에 몸무게가 5킬로그램이나 빠졌다. 사람들이 "어디 아프세요? 살이 많이 빠지셨네요."라고 묻곤 했다.

무조건 세끼 잘 먹어야 한다. 안 먹으면 몸의 신진대사가 원활하지 않다. 요즘은 남녀노소를 불문하고 다이어트 한다고 잘 안 먹는다. 살 빼려고 먹고 싶은 걸 참느라 스트레스 받지 말고 세끼 잘 먹으면서 이 운동을 하기 바란다. 지구를 몇 바퀴 돌아도 안 빠진다는 허벅지의 살을 빼는 것도 걱정 없다.

7번 흉추에 목침을 대는 건 3분이면 족하다. 3분이 지나도록 하고 있으면 등의 근육이 굳어 아프다. 엉치뼈에 목침 대기와 똑같이, 시원하다고 느껴야 제 위치에 댄 것이다. 만약 조금이라도 아프고 뻐근하면 위치를 다시 조절해야 한다. 이 운동을 하면 소화도 잘 되고 속이 편안하다. 명심할 것이 있다. 목침 대기를 끝내고 몸을 일으킬 때는, 반드시 몸을 옆으로 돌려 엎드린 후 무릎을 꿇고 팔을 밀며 고양이 자세로 일어난다.

노완우 운동법 ❹
걷기

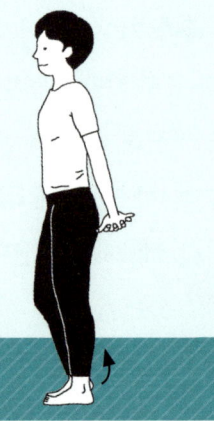

① 양손을 몸 뒤로 보내 U자 모양으로 깍지를 낀다.
② 어깨에 힘을 빼고 견갑골을 뒤로 가볍게 당긴다.(가슴을 편다)
③ 고개를 살짝 들어 시선을 15도 위로 멀리 바라보며 제자리걸음으로 20분 정도 걷는다.

네 번째 운동은 걷기다. 굽어 있는 허리와 등을 세워 척추가 S자로 만곡을 이루게 해주는 운동이다. 가슴과 어깨를 펴주어 심장과 폐의 기능을 향상시키며, 오장육부로 통하는 신경을 트이게 하여 고관절 주변의 근육을 강화해 허벅지 살을 빼는 데 효과가 있다.

운동 방법은 팔을 허리 뒤로 내려 뻗은 뒤 깍지를 낀다. 이 상태로 어깨에 힘을 주고 팔꿈치를 등으로 가볍게 당겨 준다. 이때 가슴을 내밀고 턱을 15도 정도로 든다. 시선은 먼 곳을 보고 20분 동안 무릎의 힘으로 발뒤꿈치만 들어다 놨다 한다. 발목의 힘으로 폴짝폴짝 걸었다가는 다리에 쥐가 난다. 인체는 참 신비롭다.

뒤꿈치만 들어도 뇌는 운동을 하는지 안다. 그래서 에너지를 많이 소모하는 운동도 아닌데 20~30분 만에 몸에 땀이 난다.

나이 들면서 이마에 주름이 많이 생긴다. 그런데 요즘은 젊은 사람도 이마에 주름이 있다. 걷기 운동의 효과는 얼굴에도 나타난다. 이 운동을 통해 등이 펴지면 이마의 주름도 없어진다. 주름은 등이 굽고 고개가 숙여지면서 이마에 힘을 줘서 눈을 뜨려 하기 때문에 생긴다. 내 말이 아니라 피부과 전문의가 한 말이다. 잘 떠지지 않는 눈을 뜨기 위해 인위적으로 이마 근육을 많이 사용해 피부가 접히면서 주름이 생긴다. 하지만 걷기 운동을 하면 고개를 들고 등이 펴지니 주름이 사라진다. 보톡스 맞을 생각하지 말고, 걷기 운동을 열심히 해서 주름을 펴자.

나는 이렇게 네 가지 운동을 모두 하는데 30분이면 충분하다. 하루 30분이면 몸이 바로 세워지고 오장육부가 제자리를 찾아 질병 없는 삶을 살 수 있다.

조심할 것은 네 가지 운동을 다 한 뒤, 또 하고 싶을 때에는 1시간 휴식 시간을 가져야 한다. 하루에 2번 이상 하면 평생 건강한 몸을 유지할 수 있다.

우리 집은 텔레비전이 높이 있어서, 앉거나 누워서는 시청하기가 무척 힘들다. 텔레비전을 보려면 무조건 걷기 운동을 하거나 서서 봐야 한다. 꾸준하게 한 달만 운동하면 질병이 다 사라진다. 무엇보다 우리 몸을 하나님이 얼마나 귀하게 창조하셨는지 깨달게 된다.

아울러 목침을 이용한 효과적인 운동 세 가지를 더 소개하고자 한다. 발목 펌프 운동과 도리도리 운동, 목침 깔고 앉기이다.

노완우 운동법 ❺

발목 펌프 운동

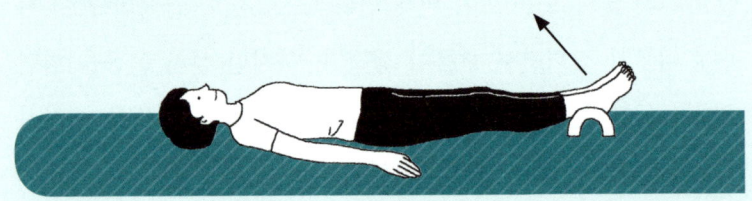

이 운동은 나처럼 맹장 수술한 사람, 신장과 방광이 약한 사람, 자궁 근종이나 난소 등 부인과 질환으로 수술한 사람에게 효과적이다. 얼굴이 까맣거나 턱이 넓어지는 사람은 신장이나 방광에 이상이 온 건 아닌지 의심해 봐야 한다. 이때는 목침을 발목 아래 두고, 위 아래로 탁탁 친다. 오른쪽 25회, 왼쪽 25회 이상 해야 신장이 튼튼해진다. 발뒤꿈치에 방광으로 연결되는 '지음', 신장으로 연결되는 '용천' 등 경혈이 지나가기 때문에, 발목 펌프 운동으로 자극받으면 신장과 방광이 튼튼해지는 것이다.

간혹 이 운동을 가르쳐 주면 "난 아파트에 살아서 이걸 하면 층

간소음 때문에 난리 나요." 하는 사람이 있다. 한 가지 팁을 이야기하자면, 이런 경우는 누워서 한쪽 발로 다른 발을 때리면 된다. 밤중에 자다가 자주 화장실에 가는 사람은 발목 펌프 운동을 통해 호전될 수 있다.

노완우 운동법 ❻

도리도리 운동

치매와 중풍을 예방하는 운동이다. 목침을 목에 놓고 도리도리 하는 것이다. 고개를 양쪽으로 돌릴 때 아픈 데는 안 아플 때까지 해야 한다. 치매와 중풍의 원인은 목이 접질려 굳기 때문이다. 잠들기 전에 도리도리 운동을 하면 목 근육이 뻐근하고 아프다. 일주일만 참고 지속하면 아프지 않고 굳은 목 근육이 부드러워진다. 매일 1분만 해도 중풍이나 치매에 걸리는 것을 막을 수 있다.

노완우 운동법 ❼

목침 깔고 앉기

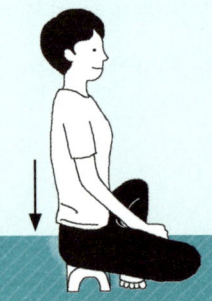

목침을 깔고 앉으면 허리가 휘지 않는다. 온종일 앉아서 공부하는 학생에게도 권한다. 너무 딱딱하면 목침 위에 방석을 올려도 된다. 딱 한 달 해보면, 몸의 물혹, 자궁 근종 등 못 느끼던 질환이 다 없어진다.

결론적으로, 몸이 틀어지면 질병이 생긴다. 몸을 바로 세우면 질병에 걸리지 않는다. 억지로라도 열심히 몸을 세우는 이 운동을 하기 권한다. 사람은 게으른 존재다. 한두 번 해서 효과를 보지 못하면 하지 않는다. 억지로라도 한 달만 열심히 해보면 조금씩 내 몸이 달라지는 것을 경험할 수 있다. 영적으로도 억지로 기도하고 말씀 보는 것이지, 저절로 되지 않는다.

"억지로 하는 것이 무슨 의미가 있어요?"라고 내게 묻는 사람도 있다. 하지만 '억지로' 해도 뇌는 작용한다.

건강한 생활 습관 만들기

★ 체온을 유지하라

우리 몸은 운동할 때 열이 나고, 맛있는 것을 먹을 때도 열이 난다. 옷을 따뜻하게 입는 사람은 병이 없다. 나는 속내의를 국군의 날에 입고 이듬해 어린이날에 벗는다. 내가 내 몸을 지킨다는데 누가 말린단 말인가. 지금도 나는 잠자리에 들 때 꼭 양말을 신는다. 수면 양말을 신으면 체온이 떨어지지 않는다.

얼어 죽는 걸 뜻하는 동사는 사람의 체온이 32도 이하로 내려갈 때 일어난다. 여름에 한 잔 마시고 덥다고 밖에 나와서 발 하나만 물에 담그고 자도 죽을 수 있다. 체온이 내려가기 때문이다. 얼어 죽는 것이 다른 게 아니다. 그런데 중요한 것은 머리에 열이 올라가면 안 된다.

★ 맛있게 먹자

체질에 맞는 음식을 먹어야 병이 없다는 이야기를 했다. 그런데 중요한 사실이 하나 있다. 체질에 맞게 먹지 못해도 네 가지 교정 운동을 하면 몸의 자연 치유 능력을 높일

수 있다. 음식을 먹되 내 몸에 맞게 먹어야 한다. 우리나라 사람들은 기본적으로 달게 먹어야 건강하다. 한국 사람들은 홍맥 주도형이 많아서 달게 먹어도 살이 찌지 않는다. 그런데 신장과 방광이 안 좋은 사람들은 살이 찐다. 내가 살이 찌는 것 같으면 신장과 방광이 약한 것이다.

어린 시절, 우리 어머니는 학교 갔다 오면 당원을 타주셨다. 그 시절에 설탕은 귀했다. 우리 형제들은 당원을 먹고 해거름이 질 때까지 지치지 않고 뛰어 놀았다. 어머니는 사카린이며 뉴스가도 타주었다. 그 덕분에 우리 아홉 남매가 건강하게 자랄 수 있었다. 나에게는 아들이 둘 있다. 우리 아이들은 설탕이며 꿀을 워낙 많이 먹은 탓에 과자는 절대 안 사먹는다.

한국에 박사 마을이 세 곳 있다. 전북 삼계면, 춘천시 서면, 전북 임실이다. 그런데 그 중 전북 삼계면과 임실은 전통적으로 엿을 만드는 동네라서 어려서부터 엿을 먹고 자랐다. 머리가 좋은 비결이 엿에 있는 것이다. 뇌를 움직이는 것도, 장을 움직이는 것도, 인슐린을 만드는 것도 당이다.

한국 사람은 홍맥 주도형인데, 미국 사람들은 현맥 주도형이다. 간과 담낭 주도형이다. 따라서 출산한 뒤 찬물 목욕을 해도 문제가 없다. 미국에서는 출산 다음 날 산모 식사로 스테이크가 제공된다. 우리나라 같으면 이가 상한다고 스테이크는 먹지 못하게 한다. 미국 사람들 사이에서는 누가 출산 후 몸조리하면 이상하게 생각한다. 그런데 우리나라 사람들이 그걸 따라했다가는 건강을 망친다. 체질이 다르고 살아온 과정이 다르기 때문이다. 이토록 다른데 누가 그걸 먹고 좋다고 하면 그 방법을 전파해서 "달게 먹지 마라. 짜게 먹지 마라. 맵게 먹지 마라." 하며 희한한 병을 만들어 낸다. 내가 맛있게 먹으면 그것도 보약이다.

낯선 사람과 마주 앉아 식사를 할 때가 있다. 심방을 가면 내 입맛에 맞지 않는 요리를 준비해 내놓을 때도 있다. 그럴 때 음식의 맛이 없고 내가 좋아하지 않는 음식이 나왔더라도 "아, 맛있겠다." "이렇게 맛있는 건 태어나서 처음 먹네." 하면 격식이 없어진다. 깨작깨작 거리면서 대충 수저 놓고 나오면 나중에 뒤통수가 따갑다. "우리 목사님은 뭔 안 먹고, 뭔 안 먹고." 하면서 흉 볼거리가 생긴 셈이기 때문이다. 함께 밥을 먹으면 '식구'가 된다.

앞에서 말했듯이, 당뇨는 밀가루 먹어서 걸리는 것이지 달게 먹어서 걸리는 병이 아니다. 아내는 외출하면 집에 있는 남편에게 전화로 이렇게 말한다.

"라면 먹어. 자장면 시켜 먹어."

그렇다고 자장면과 라면을 아예 먹지 말라는 건 아니다. 어쩌다 한 번 먹을 순 있다. 그러나 우리는 스스로 몸을 잘 관리해야 한다. 우리의 머리는 자장면 먹고 체하면 다음에 또 자장면 먹고 체한다. 뼈를 다치면 365일 지나면 그 자리가 또 아프다. 애를 낳은 엄마는 해마다 그때쯤 되면 몸이 아프다. 몸이 다 기억하기 때문이다. 우리 몸의 기억력은 10년, 20년, 30년이 흘러도 안 잊어버린다. 그래서 틀어진 뼈를 툭툭 건드리면 알아서 제자리로 돌아간다. 태어났던 자리로 간다. 이게 바로 교정의 원리다. 그리고 제자리로 간 뼈가 또다시 틀어지지 않도록 관리하기 위해서 네 가지 교정 운동을 필수적으로 해야 한다.

질병에 맞는 치료법

앞에서 포항 기쁨의 교회에 다니는 아이가 7년 만에 척추가 제자리를 잡으면서 걷게 된 간증을 했다. 그밖에도 나는 교정 치료와 운동을 통해 많은 성도가 아픔에서 벗어나는 것들을 보면서 하나님께서 살아 계시고 성도 가운데 역사하신다는 것을 늘 깨닫는다.

교정 치료를 통해 수많은 환자가 고침 받았지만, 그 중에서 사람들이 많이 걸리는 몇 가지 질병에 대한 적합한 운동을 소개하려고 한다.

갑상선
꼬리뼈가 안으로 밀려들어가 1차 안테나가 무너지면 2차 안테나인 갑상선도 무너진다. 이때 구르기 운동을 하면 꼬리뼈가 제자리를 찾아 기능을 회복하여 갑상선 기능 저하, 갑상선 비대증은 치료된다. 구르기 운동을 열심히 해야 한다.

고혈압
흉추 3번, 4번이 틀어지면 혈압이 온다. 구르기, 도리도리를 꾸준히 하면 뼈가 제자리로 가면서, 심혈관으로 연결되는 혈관이 근육으로 인해 붙잡혀 있다가 풀려 혈압 문제가 해결된다. 등 뒤로 손을 올려서 뒷목 부분을 만져 보면 목 끝부분에 살이 붙어 있다. 가죽만 잡히면 혈압에 문제가 없지만, 살이 잡히면 혈압에 문제가 있는 것이다. 고혈압도 저혈압도 척추가 제자리를 잡으면 치료된다.

당뇨
흉추 11번이 당뇨와 관련 있다. 오른쪽 다리가 긴 사람, 빠진 사람은 11번이 틀어져 근육이 굳어져서 머리의 명령을 못 받는다. 인슐린이 나오지 않거나 흡수되지 않아서 생기는 것이 당뇨다. 그래서 현대 의학에서는 인슐린이 나오게 하거나 흡수하게 한다. 발목펌프운동을 꾸준히 하면 당뇨도 잘 관리할 수 있다.

비만
흉추 5번이 틀어지면 전신 비만이 된다. 우리 몸은 많이 먹는다고 살이 찌지 않는다. 가만히 보면 살 찐 사람이라고 5인분, 10인분씩 먹지 않는다. 오히려 적게 먹는데 살이 찌는 경우가 많다. 흉추 5번을 바로 잡으면 살이 찌지 않는다.

고관절 괴사
하체가 틀어진 것이다. 두 다리가 같은 길이로 서 있어야 몸은 균형을 유지할 수 있다. 엉덩이 관절이 틀어지면 모든 병의 원인이 된다. 하체가 틀어지면 척추가 틀어지고 내부 장기가 제자리를 벗어나면서 제 기능을 못해 병이 생긴다. 고관절에 석회석이 꼈거나 괴사를 원인으로 삼지만. 틀어진 몸을 바로잡지 않으면 어떤 수술을 받아도 재발된다. 고관절 질환은 구르기만 해도 낫는다. 꼬리뼈와 고관절이 제자리로 가기 때문이다.

허리 디스크
허리가 아파서 병원에 가면 "디스크가 빠져 나왔다."라고 한다. 디스크 3, 4, 5번이 튀어나와 전방위증, 협착증, 탈출증 등을 일으킨다. 허리가 틀어지면 뇌는 변형되는 것을 막기 위해 근육을 딱딱하게 굳힌다. 그 근육이 신경을 눌러서 아픈 것이다. 허리가 아무리 아파도 주물러 주면 통증이 사라지는 걸 경험해봤을 것이다. 허리는 구르기 운동과 흉추, 엉치뼈에 목침 대기, 걷기 운동을 열심히 하면 통증이 사라진다.

무릎 연골
집회할 때 무릎 연골이 아픈 분들을 강대상으로 불러 교정 치료를 한다. 무릎을 톡톡 가볍게 때려 주고 한쪽 다리를 친천히 뻗게 한다. 무릎 통증은 연골이 말려서 생기는 것이다. 연골이 말리면 뇌에서는 더 이상 변형되는 걸 막기 위해 근육을 굳힌다. 통증을 주면 제자리로 돌아간다. 무릎 아픈 사람은 위도 아프다. 무릎을 만져 주면 위장도 튼튼해진다.

공황 장애
보통 머리가 아픈 것은 목이 굳어서다. 현대 의학은 목을 푸는 근육 이완제를 처방해서 머리를 안 아프게 한다. 그런데 나는 근육을 풀면 낫는다고 생각한다. 약을 복용하는 것은 한시적인 치료법이다. 원인을 치료해야 한다. 공황 장애도 마찬가지다. 현대 의학에서는 신경 전달물질 시스템의 이상으로 공황 장애가 생긴다고 한다. 만약 견갑골이 굳으면 전달물질이 원활하게 전해지지 않아서 폐쇄 공포증, 고소 공포증, 우울증 등이 올 수 있다. 따라서 근육을 풀어 주면 호전된다.

불임, 여성 질환
여성의 치골은 벌어져 있다. 그 치골이 몸 안쪽으로 들어가면 불임이 된다. 그리고 치골이 틀어지면 생리통이 생긴다. 치골이 바로 잡히면 생리통도 없고 임신했을 때 입덧도 안 한다. 고관절이 제자리를 찾아야 치골도 제자리를 찾는다. 구르기 운동을 하면 고관절이 제자리를 찾고 살도 빠진다.

내장 질환
흉추 7번은 위와 연결되어 있다. 7번 자리는 갓난아이 젖먹이고 트림 시킬 때 두드려 주는 자리다. 어른들은 브래지어 끈이 가로로 지나가는 부위다. 머리는 수직 개념을 가지고 있다. 7번이 휘면 배에 지방을 붙게 해서 몸의 균형을 잡는다.

노완우 운동법을 유튜브에서 보시고 건강한 몸을 만드세요!

몸.사.랑.하.나.님.사.랑